股市投资
交易心理学

刘 锐◎著

人民邮电出版社

北京

图书在版编目（CIP）数据

股市投资交易心理学 / 刘锐著. -- 北京：人民邮
电出版社，2020.10
ISBN 978-7-115-53862-8

Ⅰ．①股… Ⅱ．①刘… Ⅲ．①股票交易—经济心理学
Ⅳ．①F830.91-05

中国版本图书馆CIP数据核字(2020)第068386号

内 容 提 要

在股市中，投资者会犯很多错误，其中最隐蔽的错误是对自己非理性的心理和行为认识不足。控制好自己的情绪，让交易行为既不受非理性心理的影响，也不受非理性交易情绪的干扰，是每个投资者都应该具备的素质。

本书以行为金融学为基础，分析与阐释投资者的非理性心理、认知偏差、非理性交易情绪，逐层展开讲解其现象、原因与应对方案，为投资者构建出一个聪明的投资者的画像。聪明的投资者，既有理论知识做支撑，又具备理性的心智和稳定的交易情绪，不会被所谓的"消息"蛊惑心智，也不会让情绪扰乱投资计划，更不会因认知偏差而做出错误的决策。

洞悉投资中的非理性认知和决策，了解自己在交易过程中可能存在的认知偏差，可以帮助投资者减少不理性的行为，从而做出最佳决策。

◆ 著　　　　　刘　锐
　　责任编辑　李士振
　　责任印制　周昇亮

◆ 人民邮电出版社出版发行　　北京市丰台区成寿寺路 11 号
　　邮编　100164　　电子邮件　315@ptpress.com.cn
　　网址　https://www.ptpress.com.cn
　　涿州市般润文化传播有限公司印刷

◆ 开本：700×1000　1/16
　　印张：14.25　　　　　　　　　　2020 年 10 月第 1 版
　　字数：217 千字　　　　　2025 年 11 月河北第 21 次印刷

定价：59.80 元

读者服务热线：(010)81055296　印装质量热线：(010)81055316
反盗版热线：(010)81055315

古斯塔夫·勒庞曾在其社会心理学著作《乌合之众：大众心理研究》中写道："我们以为自己是理性的，我们以为自己的一举一动都是有道理的。但事实上，我们的绝大多数日常行为，都是一些我们自己根本无法了解的隐蔽动机的结果。"股票市场正是验证投资者非理性心理的地方。

股市中存在着大量的非理性行为，无数非理性行为的合力作用会产生系统性偏差。例如，投资者会尽快把那些盈利的股票抛售出去，对于亏损的股票却迟迟不愿卖出，这种现象在行为金融学中被称为"处置效应"。

投资者面对股票亏损时，感觉账面的损失是浮亏，但是一旦卖出，就会变成实际亏损。投资者不愿面对实际损失，于是继续长期持有亏损的股票，甚至会使用更激进的投资策略。投资者通常会投资高风险股票以博得更高的收益，结果却造成了更大的损失。

股票价格下跌时，投资者或多或少会有精神压力，而这种精神压力很可能会使投资者迅速改变交易决策，进而产生了新的"卖压"；这种新的压力反过来又促使价格进一步下跌。投资者这种不稳定的心态会导致错误投资决策的产生。

大部分投资者在进行决策时往往不是根据当前的市场行情与基本面进行投资"验证"，而是基于自己过去的选择和主观的情感进行决策，这往往会导致决策错得越来越严重。

正是因为股市中存在着大量的非理性行为，所以金融市场中才会出现价格短期内偏离价值、资产泡沫、群体性的"追涨杀跌"等现象。

传统经济学中的重要假设——"人是完全理性的"，在投资交易过程中并不完全成立，很多时候投资者做出的决策是情绪化的，有的时候甚至是完全非理性的。

近几年，行为金融学得以发展，它把心理学、社会科学和传统金融学的研究领域及思路连接在一起。行为金融学认为，在投资交易的过程中，人的思维模式里存在着不理性模式，如期望理论、处置效应等，这些不理性模式生动地诠释了投资者的非理性心理。

在股市中，投资者容易犯的错误有很多，其中最隐蔽的错误是对自己非理性的心理和行为认识不足。

洞悉投资中的非理性认知和决策，了解自己在研究公司和交易股票的时候可能存在的认知偏差，可以帮助投资者减少这类不理性的行为，从而做出更好的决策。

控制好自己的情绪，让交易行为既不受非理性心理的影响，也不受非理性交易情绪的干扰，是每个投资者都应该具备的素质。

本书以行为金融学为基础，分析与阐释投资者的非理性心理、认知偏差、非理性交易情绪，逐层展开讲解其现象、原因与应对方案，为投资者构建出一个聪明的投资者的画像。聪明的投资者，既有理论知识做支撑，也有理性的心智和稳定的交易情绪，不会被所谓的"消息"蛊惑心智，也不会让情绪扰乱投资计划，更不会因认知偏差而做出错误的决策。

从投资者进入股市开始，风险就伴其左右，学会与风险相处是一门必修课。聪明的投资者不会因认知偏差而做出错误决策，更不会因为恐惧或贪婪而做出错误的决策。

祝愿每一个投资者都能成为聪明的投资者！

刘锐

2020 年 7 月

目录

第2章　股市交易中的心理博弈战

第5章 交易心理认知与交易决策的相互影响

第 6 章 交易心态主导下的投资行为

第 7 章　管理交易情绪，提高情绪管理能力

第 8 章 交易信念屏蔽负面信息和负面心态

第 9 章 技术策略分析＋资金管理＋交易心智，能击败所有玩家

上篇
股市中的心理博弈

股市中各类参与者的心态与行为动机

股市交易中的心理博弈战

第 1 章
股市中各类参与者的心态与行为动机

从短期来看，股市是一个投票机；而从长期来看，股市是一个称重机。

——本杰明·格雷厄姆

股市中有很多身份和投资动机不同的参与者，这些参与者的投资操作与心理变化都将通过股票的 K 线图表现出来。可以说，股票的 K 线图是市场参与者的心理行为记录。

本章，笔者将带领读者透过表象看内在，分析股市中各类参与者的心态与行为动机。

1.1 上市公司的心态与博弈

　　了解上市公司的心态与行为动机，有助于投资者从基本面分析股票价格的波动。

　　上市公司也叫公开公司，是股份公司的一种，指可以在证券交易所公开交易其公司股票等的股份有限公司。

　　也就是说，公司把其股份以股票的形式于证券交易所上市后，公众人士可根据各个交易所的规则，自由买卖股票。买入股票的公众人士即成为该公司的股东，享有股东权益。

　　在介绍上市公司的心态与博弈之前，笔者先站在不同的角度，解读公司上市的真实动机。

1.1.1 公司上市的动机

　　先来了解一下公司上市的原因。这里分别从上市公司和公司创始人两个角度进行分析，如图 1-1 所示。

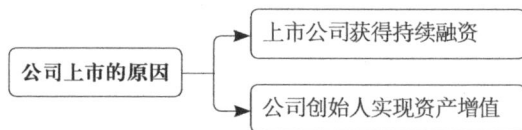

图 1-1 公司上市的原因

1. 上市公司的角度

对于上市公司来说，公司一旦上市，就可利用证券市场进行筹资。当股票上市发行后，上市公司的估值往往会提升数倍，公司价值在资本市场中也会迅速提升。

具体而言，公司上市的动机有以下两点。

（1）获得市场上的流动资金，利用筹集的资金扩大公司规模，增强产品的竞争力，提高市场占有率，获得收益，促进股价提升，再次获得资金，从而形成良性循环，实现多方共赢。

（2）上市公司将会拥有持续融资的能力，获取大量低成本资金，并利用这些资金帮助公司转型。转型过程中，公司一旦资金短缺，就可以通过增发股票的方式，在短时间内迅速筹集市场上流动的资金，以达到缓解公司短期困境的目的。

例如，上市公司华谊兄弟传媒股份有限公司，是由王中军和王中磊兄弟二人于 1994 年创立的，因 1998 年投资冯小刚、姜文等导演的影片而进入电影行业，后来又进入传媒领域，并开始涉足电视剧、娱乐营销、艺人经纪等领域。

华谊兄弟传媒股份有限公司于 2009 年 10 月 30 日在深圳证券交易所（以下简称"深交所"）创业板上市。

华谊兄弟传媒股份有限公司上市的动机是什么呢？主要有以下两点，如图 1-2 所示。

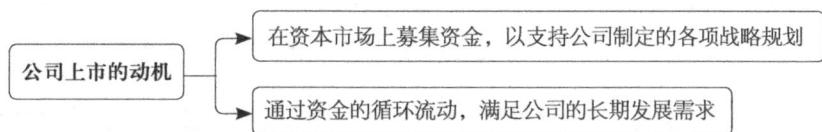

图 1-2　公司上市的动机

华谊兄弟传媒股份有限公司的上市解决了自身资金短缺的问题。公司当初通过投资姜文导演的影片进军影视业，但是，从商业角度而言该项投资属于投资失利；而投资冯小刚导演的电影《没完没了》才算得上是比较成熟的商业化、产业化投资。

华谊兄弟传媒股份有限公司之后的投资模式，也一直是高投入的资本模式。高投入是需要密集的资本推动的。虽然之前的几轮私募、风投和数次银行贷款解决了华谊兄弟传媒股份有限公司的燃眉之急，然而随着公司规模的不断扩大，影视投资规模也水涨船高，简单的筹资方式已无法满足公司日益旺盛的资金需求，上市成为华谊兄弟传媒股份有限公司的必然选择。

2. 公司创始人的角度

公司上市后，便可实现集资或者筹资，对于公司创始人而言，这是一个凭借手中的股份实现资产迅速增值的过程。

利用股票的流动性，将原本一成不变的资金变成无限制性流通的股票。将手中的股票折现，对上市公司的资金周转来说是十分重要的。

对于华谊兄弟传媒股份有限公司的上市来说，公司的创始人具有如图 1-3 所示的两点动机。

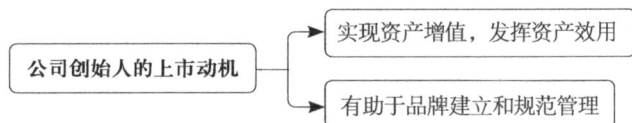

图 1-3　公司创始人的上市动机

华谊兄弟传媒股份有限公司上市当天的上午 11 点 25 分，创业板首批上市的 28 家公司的股价全部实现翻倍，而到了下午 3 点，华谊兄弟（SZ300027）收报 70.81 元，上涨 147.76%，涨幅居 28 只创业板股票中的第 4 位。

当时，王中磊说："当我们 IPO 成功的时候，敲钟的那一天，我已经预测到了，华谊的这个钟声肯定带来了巨大反响，不管是实力较强的影视公司，还是原来对这行业没有关注的投资者，我相信这一声钟声肯定是很重要的。我虽然并不是运作资本娴熟的人，但我能感觉到资本和影视的对接，信息量很大。当时我们觉得已经不得了了，敲钟的那一天，市值已经涨到 70 多亿元，不能想象，一个独立制片公司，变成这样的上市公司，变成有价值的存在；而且利用当时融资获得的钱，我们可以实现多年想发展的规划……这是我在那个时候的感受。"

可见，一个公司的上市提升了公司的价值，也提升了公司创始人的价值和知名度，除此之外还能建立公司品牌、规范公司管理。

1.1.2 上市公司的两种心态

在股市中，上市公司具有什么样的心态呢？

上市公司的心态分为图 1-4 中的两种情况。

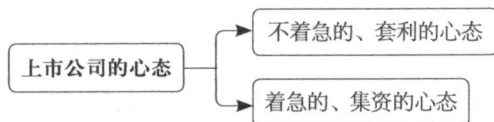

图 1-4 上市公司的心态

股票投资者追求的大都是短期利益（这从股市的高换手率就可以看出来），而公司发展规划则是长期的，因此两者必然是矛盾的。对于股票投资者来说，有必要看清楚和辨别清楚上市公司的两种不同的心态。

1. 不着急的、套利的心态

上市公司为什么会有不着急的、套利的心态？这和公司上市的原因有关系。上市公司如果具有相对较小的经营风险，现金比较充足，其心态就是不紧不慢地进行股票交易，也就是以套利的心态来经营和操作股票。

正是由于抱着套利的心态，上市公司会为了保证资本的流动性溢价而上市，方便在需要资金时套利。这样的上市公司一般不会为了募集资金而发新股，所以，抱有套利心态的上市公司一般是不缺钱的。

不过，不缺钱的好公司是很少的，因此，这样为了流动性溢价而上市的情况也是比较少的。

2. 着急的、集资的心态

着急的、集资的心态是大部分上市公司的心态。

这类公司往往存在两个特点：（1）属于资金密集型行业，如房地产、银行、化工、电子机械制造等行业；（2）处于扩张发展的关键阶段，或者瓶颈阶段。对于这类公司而言，获得巨额资金、解决技术和市场规模发展瓶颈至关重要。

另外，大多数公司往往有非常高的资产负债率，通过上市实现直接融资，可以降低资产负债率，从而降低经营风险。所以，上市是这类资产负债率高而急需资金的公司募集资金的最佳途径。

但是，上市融资要以股权为代价，因此，投资者和上市公司的利益就产生了矛盾性，投资者希望买到的股票越便宜越好，上市公司希望新股的发行价越高越好。因此，上市公司就会不遗余力地包装公司和公司报表。

当然，在这一点上，上市公司的原始股东（上市前就已入股的机构投资者和持股员工）的利益和上市公司的利益较为一致。一方面，股价越高，他们的股票价值就越高；另一方面，公司上市融资可以提升品牌价值、改善公司环境、提高股东的回报率。

对于公司的管理层来说，他们的利益和上市公司的利益更加一致。一方面，他们的持股数量更多，随着公司上市，他们将可能变成千万或者亿万富翁；另一方面，他们的薪酬往往取决于公司利润、公司资产规模或营业额规模，因此，他们把公司规模做大的意愿非常强烈。这些管理层关注的重点不是资本收益率、净资产收益率和风险控制水平，而是把生意做大和快速盈利。

1.1.3 上市公司的博弈

投资者了解上市公司的心态只是投资的第一步，更重要的是根据上市公司的心态，准确地选择投资交易策略。正如前文所述，上市公司无论是要套利还是要融资，必然会与其他方产生博弈，其中包括与政府、投资者等的博弈。

1. 上市公司与政府之间的博弈

在这场博弈中，政府具有制定政策的信息优势，上市公司只能根据所掌握的有关信息判断政策导向，进而决定下一步的经营行为；同时，上市公司具有知晓自身经营状况、财务状况、产品销售情况等方面的信息优势。

上市公司与政府之间存在信息不对称的情况，这加剧了两者之间的博弈。其中，上市公司的博弈过程，如图 1-5 所示。

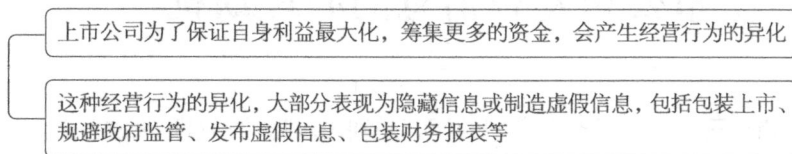

上市公司为了保证自身利益最大化，筹集更多的资金，会产生经营行为的异化

这种经营行为的异化，大部分表现为隐藏信息或制造虚假信息，包括包装上市、规避政府监管、发布虚假信息、包装财务报表等

图 1-5 上市公司的博弈过程

可以说，因为上市公司与政府之间存在信息不对称的情况，所以上市公司的这种弄虚作假的行为可能使得上市公司在与政府之间的博弈中获得胜利。

那么对于信息、专业知识和心理都更加处于劣势的个人投资者而言，博弈结果就可想而知了。

2. 上市公司与投资者之间的博弈

我国的股票市场是一个以中小投资者为主的市场，大部分中小投资者不直接参与公司的经营决策活动。所以，他们若想了解上市公司的运营情况，只能通过上市公司的财务报表、招股说明书及董事会公告等信息进行分析。

上市公司在披露信息时具有选择性，甚至普遍具有隐蔽性，上市公司会有意隐藏一些重要信息，如上市公司的财务管理、营业方面的一切非公开信息，不能向中小投资者公开的盈利和股息的变化、重大的技术成就、重要合同的损失、酝酿中的股票分割、公司资本结构将发生的调整、公司与其他公司的合并以及收购公司的预期投标等消息。因为上市公司一旦将这些消息公布给中小投资者，股价往往会出现较大的变动。上市公司为了避免因股价变动带来的损失，一般都会通过信息的不对称，来与中小投资者进行博弈。可以说，上市公司与政府和投资者之间进行的博弈都是可以利用信息的不对称来进行的。

1.2 上市公司发布消息的心理动机

上市公司与中小投资者之间的博弈是利用信息的不对称来进行的，而上市公司利用信息的不对称进行博弈时，究竟隐藏了怎样的心理动机呢？

不可否认，上市公司发布各种消息的心理动机是维护股价，但是，其过程需要市场主力与上市公司一起进行操作，联手制造和发布利好或利空消息，来与广大的中小投资者进行博弈。

上市公司为了维护股价，会在股价处于相应位置时发布消息，达到吸筹、拉升和最终卖出股票的目的，如图 1-6 所示。

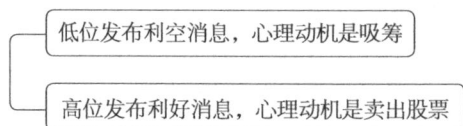

图 1-6 上市公司发布消息的心理动机

1. 低位发布利空消息，心理动机是吸筹

当股价处于相对低位时，中小投资者，甚至较大的投资者看到了机会便会纷纷买入持有。即使已经出现了被套牢的情况，这些投资者也几乎意识不到自己所处的危险环境，在成交量低迷时依然惜售。

在这种已经套牢投资者的情况下，上市公司为了在相对低位获得更多的廉价筹码，会发布一些利空消息，如高管减持、业绩低迷、重组失败等这种令投资者恐惧的消息。投资者在看到上市公司发布这类消息时会做出上市公司想要看到的操作。

例如，某上市公司在 2 月底发布公司高管减持的利空消息，当该利空消息发布后，大量的个人投资者纷纷抛售股票，公司股价从相对高位处连续大跌，从近19元跌到最低14元，如图1-7所示。而此时，该上市公司或者市场主力则大幅买入股票。

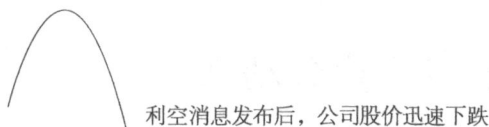

利空消息发布后，公司股价迅速下跌

图1-7 公司股价受利空消息刺激

仅仅用了一个月的时间，该上市公司便完成了大幅吸筹工作。

2. 高位发布利好消息，心理动机是卖出股票

股价处于相对高位时，为了方便市场主力快速卖出大幅盈利的筹码，上市公司便会配合市场主力发布一些利好消息，如业绩暴增、股东增持、高送转、机构出研究报告称看好股价后市等，但其真实的心理动机是卖出股票。

这种基本面的利好消息一旦被发布，便会引起中小投资者的关注和快速跟进，他们会大幅买入股票。

例如，某上市公司在2月底发布利空消息，随后在3月发布"出10送25"的高送转利好消息，以此来制造填权假象。于是，在利好消息的刺激下，公司股价开始上升。到了3月底，该上市公司公布一季报，利润增长2~3倍。这一消息发布之后，公司股价迅速上涨，该上市公司和市场主力借机大幅卖出股票，如图1-8所示。到了4月底，该上市公司仅仅用了2个月的时间就完成了卖出股票工作。

从吸筹、拉升到卖出股票的整个操作过程中，该上市公司和市场主力进行配合，这样的现象在股市中并不鲜见。

利用高送转假权填权拉高出货，配合上市公司利润增长

拉高出货之后，快速下跌

图1-8 公司股价受利好消息刺激

1.3 市场主力的资金动向

从长期来看，股市中存在的涨跌现象取决于价值规律，但从短期来看，这种涨跌现象主要取决于供求关系和资金动向。

市场主力普遍会用这个特点来操作股票。因为市场主力是拥有巨额资金的投资者，其资金动向极大地影响了股票的交易过程，其交易股票的过程体现在盘面上就是股价和交易量的变化。

1.3.1 市场主力的 5 个操作步骤和操作心理

一般来讲，市场主力能够成功操作的原因之一，就是某只股票没有被投资者过度关注。该股票的状况多数是在低位横盘已久，每日成交量呈现为豆粒状，如同进入冬眠一样。正当投资者忽视此形态时，该股票突然爆发，出现大幅飙升行情，市场主力在这期间的操作步骤不外乎以下 5 个阶段，如图 1-9 所示。

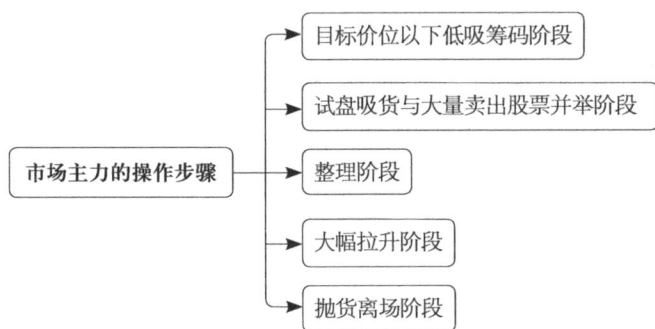

图 1-9 市场主力的操作步骤

1. 目标价位以下低吸筹码阶段

市场主力在这个阶段的行为心理动机是什么呢？主要是为了收集低价筹码。

此时，市场主力会悄悄地观察股市动向，在投资者认为此股不值得过于关注的时候，不动声色地收集低价位筹码。这部分筹码是市场主力的仓底货，是市场主力未来产生利润的源泉。

这个时候，市场主力多数情况下不会轻易抛出所持股票，股市的真实情况就是每日成交量极少，且变化不大，均匀分布。

而在这一阶段末期，股市的成交量有所放大，但并不会很大，股价呈现为不跌或即使下跌也会很快被拉回的状态，但上涨行情并不会立刻到来。

投资者在这一阶段难以察觉市场主力的心理动机。

2. 试盘吸货与大量卖出股票并举阶段

市场主力在低位基本吸足了筹码之后，不会轻易进行拉升，而是会做一个试探动作，也就是将股价小幅拉升数日，以此来查看股市中跟风盘的数量，洞察投资者的情绪和心态，同时继续增加筹码。

可以说，市场主力的这个动作是一个小幅度拉升股价的假象。

在这个试探动作之后，市场主力了解了投资者的心理状况，便会持续数日大笔卖出股票，股价持续下行，使得意志不稳的投资者抛售股票，浮码出货，为即将开始的大幅拉升工作扫清障碍。如果不这样做，一旦这些浮码在市场主力大幅拉升时抛货砸盘，市场主力就要付出更多的拉升成本。

这次大量出货导致的股价下行是真实的，这个时候，股市的成交量若是呈递减状态且比前几日急剧萎缩，则说明投资者心态稳定，看好后市，会继续持有股票。

3. 整理阶段

整理阶段与大幅拉升阶段同步进行，每当股价上升一个台阶之后，市场主力一般都会整理盘面,这时市场主力整理盘面有图1-10所示的两个心理动机。

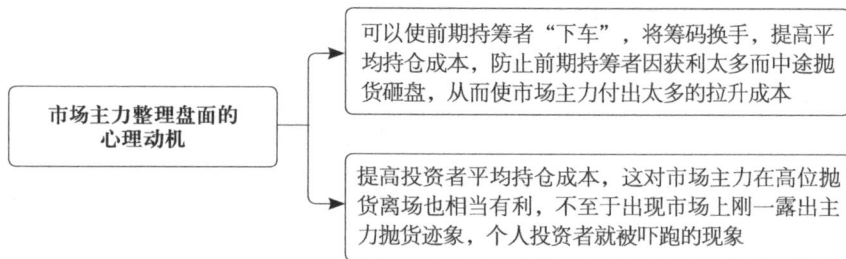

```
                        ┌─────────────────────────────────────────┐
                        │ 可以使前期持筹者"下车",将筹码换手,提高平  │
                    ┌──▶│ 均持仓成本,防止前期持筹者因获利太多而中途抛 │
┌──────────────┐   │   │ 货砸盘,从而使市场主力付出太多的拉升成本   │
│ 市场主力整理盘面的│   │   └─────────────────────────────────────────┘
│   心理动机    │──┤
└──────────────┘   │   ┌─────────────────────────────────────────┐
                    │   │ 提高投资者平均持仓成本,这对市场主力在高位抛 │
                    └──▶│ 货离场也相当有利,不至于出现市场上刚一露出主 │
                        │ 力抛货迹象,个人投资者就被吓跑的现象      │
                        └─────────────────────────────────────────┘
```

图1-10　市场主力整理盘面的心理动机

4. 大幅拉升阶段

在市场主力进行大量交易之后,股市的情况普遍就是成交量稳步放大,股价稳步攀升,K线的平均线系统处于完全多头排列状态,或即将处于完全多头排列状态,阳线出现次数多于阴线出现次数。

若是遇上牛股,那么股票的收盘价一般在5日K线平均线之上,K线的平均线托着股价以流线型向上延伸。

等到了整理阶段的后期,经过市场主力一系列的整理后,股价上涨幅度越来越大,上升角度越来越陡,成交量越放越大。若成交量呈递减状态,则这类股票要么在高位横盘一个月左右被慢慢出货,要么利用除权的方式使股价绝对值下降,再拉高或横盘出货。

这个阶段中,市场主力的操作也是真实的、带有目的性的。

5. 抛货离场阶段

到了这个阶段,可以说,市场主力几乎完成了整个操作,其心理动机就是离场。

此阶段,在股市图中的K线图上,阴线出现次数增多,股价正在构筑头部,买盘虽仍旺盛,但已露疲弱之态,成交量连日放大,其真实含义就是市场主力已开始准备离场,或者已经离场。

1.3.2　市场主力的试探

市场主力的交易到底是真实的还是测试盘面情绪的，这要从市场主力的操作手法进行判断。

1. 利用资金进行试盘

市场主力在真正拉升之前，会先用部分资金进行试盘，其心理动机就是考察多空双方的力量。这一过程是市场主力的真实性操作，体现在股市图中的成交方式是，市场主力先行挂单，双向交易导致股价上涨。而在这个过程中产生的交易量，基本是市场主力用自身筹码和自身资金进行活动而产生的。

但此时若是大多数投资者把手中的股票卖出，则会出现盘面抛压，这样一来，市场主力就显得有些被动。

于是，市场主力会进行以下两种操作，如图 1-11 所示。

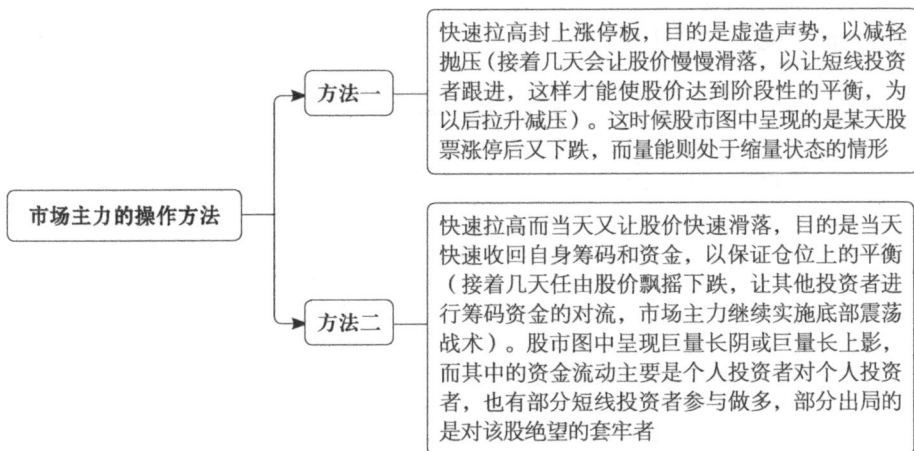

```
市场主力的操作方法 ─┬─ 方法一 ── 快速拉高封上涨停板，目的是虚造声势，以减轻
                    │            抛压（接着几天会让股价慢慢滑落，以让短线投资
                    │            者跟进，这样才能使股价达到阶段性的平衡，为
                    │            以后拉升减压）。这时候股市图中呈现的是某天股
                    │            票涨停后又下跌，而量能则处于缩量状态的情形
                    │
                    └─ 方法二 ── 快速拉高而当天又让股价快速滑落，目的是当天
                                 快速收回自身筹码和资金，以保证仓位上的平衡
                                 （接着几天任由股价飘摇下跌，让其他投资者进
                                 行筹码资金的对流，市场主力继续实施底部震荡
                                 战术）。股市图中呈现巨量长阴或巨量长上影，
                                 而其中的资金流动主要是个人投资者对个人投资
                                 者，也有部分短线投资者参与做多，部分出局的
                                 是对该股绝望的套牢者
```

图 1-11　市场主力的操作方法

所以，第一种方法是非真实性的，市场主力的心理动机就是拉升股价。而第二种方法是真实性的，市场主力的心理动机也是拉升股价。

这一阶段，市场主力的操作既有真实性也有非真实性，心理动机都是为了在拉升股价前，观察多空双方的力量差距。

2. 真正拉升时市场主力的心理

市场主力在"真真假假"的试盘之后，确定了市场上的投资者的筹码和分布，便会部署仓位，展开拉升的操作。

这个拉升是一个非常真实的拉升，市场主力挂单双向交易后，股价迅速上涨，制造短线盈利的效应，吸引更多短线投资者进出买卖，让短线投资者相互之间进行筹码和资金的对流。这个过程中，市场主力开始使用自身资金和筹码对流，让筹码在股价上涨中升值，而短线投资者的频繁买卖，则可以为主力省去资金的消耗并解除上涨时获利盘的压力。

这种拉升操作在日后的每一天中都会进行，而高涨幅、封涨停是市场主力的主要操作方法。为了使股价远离成本区，市场主力会让股价呈现放量拉升，或是缩量拉升。

那么，市场主力为什么会让股价呈现放量拉升或缩量拉升呢？市场主力都是有心理动机的，如图 1-12 所示。

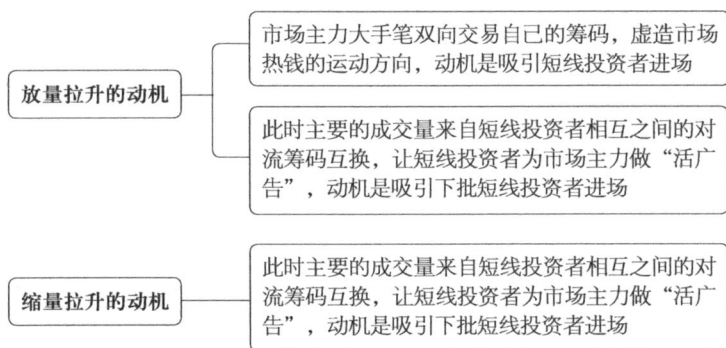

图 1-12　市场主力的心理动机

1.3.3　市场主力交易的迹象

市场主力在拉升的时候总会有一些迹象，普通投资者只要用心观察成交量、股价的变化轨迹，就可以看到市场主力的资金动向。市场主力拉升时一般有以下 3 种迹象，如图 1-13 所示。

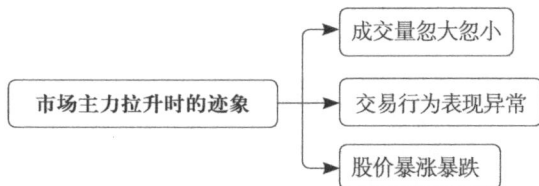

图 1-13　市场主力拉升时的迹象

1. 成交量忽大忽小

市场主力无论是建仓还是出货都需要成交量的配合，有的市场主力会采取底部放量拉高建仓的方式，有的市场主力也经常采用双向交易的方式转移筹码或吸引投资者注意。

无论上述哪一种方式都会导致成交量的急剧放大，而这些行为显然已经违反了法律的相关规定。同时由于市场主力的筹码主要集中在少数投资者手中，其日常成交量会呈现极度萎缩的状况，从而在很大程度上降低了股票的流动性。

2. 交易行为表现异常

有的股票走势经常会出现几种情况，如股价莫名其妙地低开或高开，尾盘拉高收盘价或偶尔出现较大的买单或抛单。这些情况的人为参与迹象非常明显。又如盘中走势时而出现强劲的单边上扬，突然又大幅下跌，起伏剧烈。这种现象在行情末期尤其明显，说明这只股票的市场主力参与程度已经非常高。

3. 股价暴涨暴跌

有市场主力参与的股票，其价格极易出现暴涨暴跌现象，尽管目前有加强监管的趋势，但是市场环境总体仍较宽松。市场主力交易股票的基本过程就是，先大幅买入股票导致股价大幅上涨，或者利用上市公司送股时机造成股价偏低的假象，在获得足够的空间后开始出货，并且利用投资者抢反弹或除权的机会连续不断地抛出股票，以达到获利的目的，其结果就是股价长期下跌。这种局面的出现同上市公司股利分配政策不完善也有一定关系，市场主力客观上不可能依靠现金分红来获取回报并降低风险，因此在二级市场赚取差价成为其唯一选择。

1.4 股评家的把戏

股评是指对股市行情的分析和评论，而股评家是指从事证券研究并对研究成果发表评论的专家。很多股评家都是纸上谈兵，因此，一般而言，股评家的言论只能作为参考。

股市中的大多数投资者都存在冒险心理和投机心理，这类投资者的操作技术不是特别高超，投资经历不会太丰富。股评家的存在，支撑着这类投资者继续在股市中进行投资活动。

1.4.1 "缠中说禅"眼中的股评家

"缠论"创始人"缠中说禅"对股评及股评现象做了生动的分析和阐释。"缠论"是网络博主"缠中说禅"关于证券市场的一种投资理论，该理论适用于分析一切具有波动走势的投资市场，如股票、权证和期货等。

从 2006 年 6 月 7 日该博主写第一篇"教你炒股票"系列文章开始，他就不断更新"教你炒股票"博客，其内容引来了不少投资者的关注和学习，如图 1-14 所示。

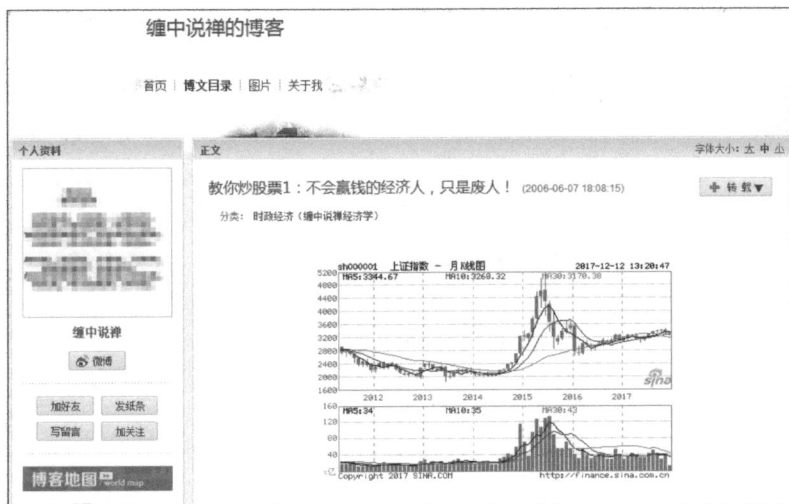

图 1-14 "缠中说禅"的博客

据博主在博文中自述，其在 20 世纪 90 年代初进入资本市场，此后凭借对市场的灵敏洞察，以零成本的投入在十几年间赚得数亿身家。

更加传奇的是，该博主推断出上证指数会在 2005 年年中见到历史大底，并且之后会有一轮大牛市。于是在空仓 4 年之后，博主重新参与股票交易。

紧接着，在 2007 年 10 月上证指数创出 6124 点的历史高点后不久，博主更是利用自己独创的理论体系，判断出股市见顶的信号。同时，他预言了由 2007 年爆发的美国次贷危机引发并扩散到全球的金融危机，并断言该危机的级别堪比 1929 年的世界经济大危机。

令人遗憾的是，该博主在 2008 年 10 月 10 日发表最后一篇博文（见图 1-15）后突然停更，此后再未更新。

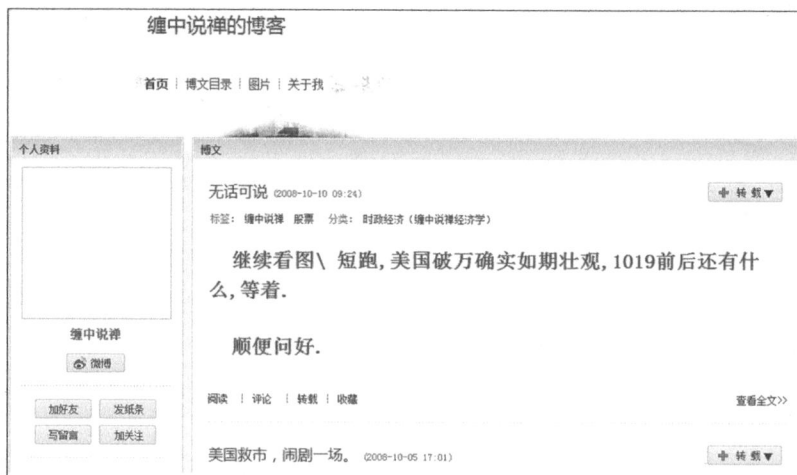

图 1-15 "缠中说禅"的最后一篇博文

此后，该博主被人称为"缠师"。"缠师"在其博客文章中还对人性进行了解读。

他认为股市中的股评家因为不会股票交易操作，所以他们是市场中的依赖者。

他认为我国投资者的博弈心理非常重，那些短线股评荐股者正是利用这种群体性心理在股票市场中达到其目的。个人投资有必要了解荐股者的思路和手法，识别荐股者的真实目的。

1.4.2　短线股评推荐者的把戏

那么股评家是如何操作的呢？根据"缠师"所说，假设有一位股评家，一天在日浏览量超过 10 万的网站或电视节目中随机地推荐短线的股票，有 5% 的人会相信并在第二天开市半小时内买入，也就是会有 5 000 人买入，每人平均的买入量是 2 000 股，也就是有 1 000 万股的买入量。这个买入量，对于绝大多数的股票来说，足以使得这些股票拥有极大的支持且呈现大涨趋势。

对于另外 95% 的人，有些投资者因为股票价格过高而拒绝买入，但至少会留下一个印象：这个股评家推荐的股票真准，所以在下次荐股"游戏"中，这些投资者就成了新的资源。

有一部分胆子大的投资者，会在更高的价位买入，这样，一个资金的流动输入就产生了。买入后赚到钱的投资者，便会将此消息透露出去，吸引更多的投资者买入；买入的人群会不断增加，直到资金流入与筹码的松动达到平衡。这样一个系统可改进成组织更严密的操作模式，如图1-16所示。

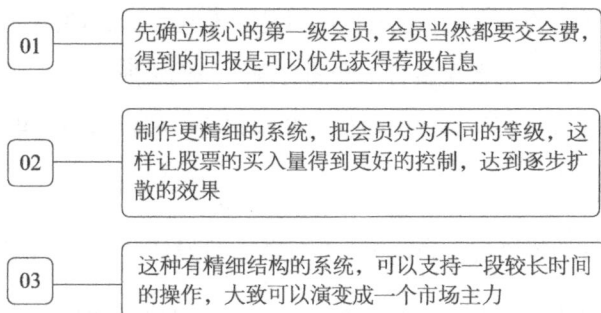

01	先确立核心的第一级会员，会员当然都要交会费，得到的回报是可以优先获得荐股信息
02	制作更精细的系统，把会员分为不同的等级，这样让股票的买入量得到更好的控制，达到逐步扩散的效果
03	这种有精细结构的系统，可以支持一段较长时间的操作，大致可以演变成一个市场主力

图1-16 股评家的把戏

此类行为虽然被监管层禁止，但是在市场中依然大量存在。

这种由精细结构组成的系统演变而成的市场主力，是由很多不同等级的投资者构成的一个有联系的组织，与一般的市场主力相比，其好处就是不存在一个人占用一大堆虚假账号的监管风险，而其坏处之一就是这样一个结构存在一定的稳定性问题。

对于股评制造的特别短线、经常换股的系统，由于最终必然导致大量的投资者被套，因此经过几次这样的操作后，外围的投资者的资源会逐步枯竭，最终使整个系统崩溃。因此，对于那些经常在电视、网站上听信股票评论的投资者，或者每天操作多只股票的投资者来说，其操作时间都不会太长，一轮大的调整，就可以"消灭"一大批这样的投资者。

当然，在每轮行情中都可以看到类似的投资者出现，然后消失。而长线，有着股评家铸造的精细结构的系统，会逐步演变成所谓的私募基金。

正是因为股市中存在贪婪和恐惧的投资者，股评家才会存在。反过来，股评家的存在也支撑了这类投资者进行投资活动。

1.5 自以为是的投资者

股市中有聪明的投资者，也有自以为是的投资者。股市中有一种盲目理论，它是指在股市中，投资者大多有买涨的心理，他们之所以完全不管股票的真实价值而愿意花高价购买，是因为他们预测未来会有投资者将花更高的价格，从他们手里买走股票。

股市中盲目的投资者分为两类：感性的盲目投资者和理性的盲目投资者。

感性的盲目投资者在交易股票时，不知道自己已经被卷入一场投资者"游戏"中，更不知道泡沫可能快要见顶，股市随时可能崩盘。

例如，在股市高涨的时候，市场主力大量买入股票，导致股价走高；大量的投资者跟风进入股市之后，市场主力见股价涨得差不多了，该赚的也赚了，就在股价高点抛售逃离，股价随之下跌；随后恐慌情绪弥漫，跟风抛售股票的投资者越来越多，股价连续下跌，结果被套牢的是最后在高点参与的感性投资者。

理性的盲目投资者清楚地知道游戏的相关规则，只是他们相信在当前火爆的情况下，还会有更多的投资者参与接盘，因此才会投入少量资金参与。

理性的盲目投资者能盈利的前提是，有更多的投资者参与股票交易。

从本质上讲，理性的盲目投资者是抱着侥幸的心态在交易股票，试图在某一次交易中获取暴利，然后抽身而退。然而人性的贪婪是很难克服的，大多数人在获取一次暴利后还想着下一次继续获取暴利，直到损失惨重后无奈离场。

自以为聪明的交易者

为什么很多投资者懂得交易理论背后的风险，但还是要义无反顾地投身股市呢？一个字，"贪"，这就是人性。

例如在深圳新都酒店股份有限公司退市前上演的一场冒险游戏。

深圳新都酒店股份有限公司（以下简称"新都酒店"）于 1994 年 1 月在深交所主板挂牌，是一家老牌 A 股上市公司。该公司主要从事酒店、商场、餐厅的经营以及酒店附设的车队、康乐设施、自有物业的出租与管理。但自 2012 年以来，由于宏观经济低迷以及新兴酒店的不断涌现，公司主营业务持续亏损。2007—2014 年，新都酒店主业基本处于停滞不前的状态，但也一直能通过非经常性损益将净利润（扣除非经常性损益前）维持微盈的状态，因此避免了因连续两年财务指标不达标而触发退市警示。

直到 2014 年 4 月，新都酒店于 2011 年向关联方违规提供担保的违规行为浮出水面，新都酒店被立信会计师事务所（特殊普通合伙）（以下简称"立信审计"）出具了无法表示意见的 2013 年年度审计报告，被直接实行退市的风险警示，从而引发了一系列的连锁反应。

于是，新都酒店股票（证券简称为"新都退"，证券代码为"000033.SZ"）自 2015 年 5 月 21 日起暂停上市（目前已退市），如图 1-17 所示。

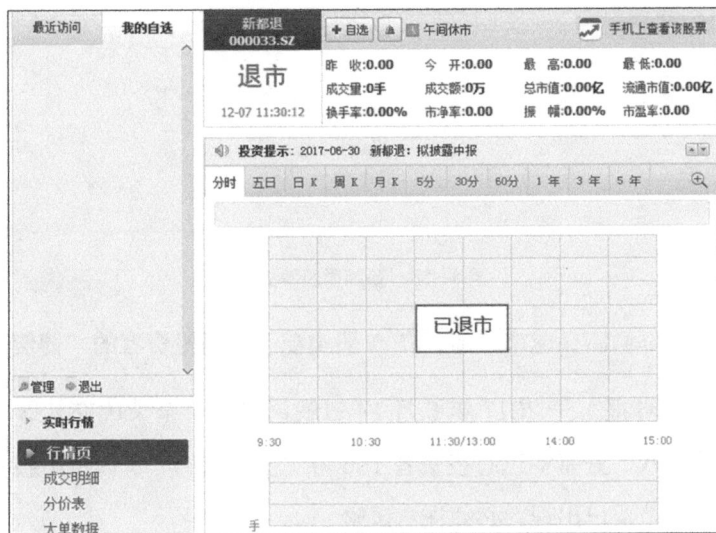

图 1-17　新都退股票

在暂停上市之后，新都酒店进行破产重组，公司债务问题于 2015 年底得以解决，财务状况也扭亏为盈。公司 2015 年年报显示，新都酒店实现营业收入 11 717.05 万元，归属母公司净利润 6 971.26 万元。

2016 年 5 月 3 日，新都酒店向深交所提出恢复上市申请并提交了全部材料，深交所则于 2016 年 5 月 9 日正式受理该申请。不过在新都酒店提交申请后，其审计机构天健会计师事务所对其 2015 年年报出具了带强调事项段的审计报告。

但最后新都酒店因重组失败，产生了退市的危机。

按照相关规定，2017 年 7 月 6 日是新都酒店在 A 股市场的最后一个交易日。之后，新都酒店退出 A 股市场。2017 年 6 月 2 日之后，该公司的股票价格一度严重下跌，到 2017 年 7 月 6 日，如图 1-18 所示，该公司的股票价格跌至谷底，于是新都酒店及该股票被投资者们简称为"新都退"。

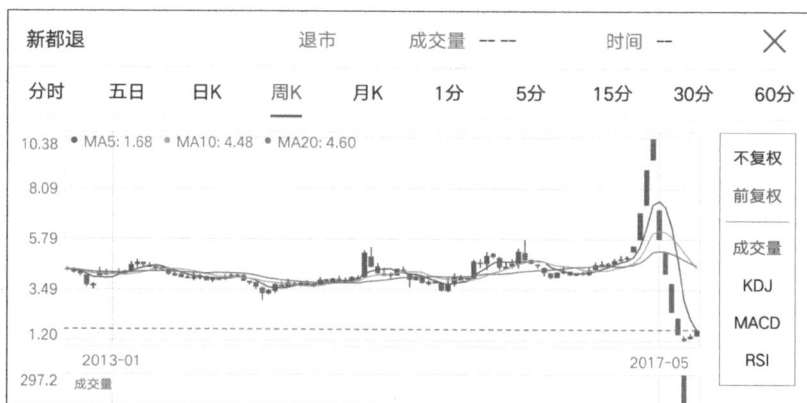

图 1-18　新都退股票交易

但是，新都酒店在退市之前，在 A 股上演了一场投资者的"博傻游戏"。

《中国证券报》于 2017 年 6 月 14 日就已发布《全天成交 823 万元，新都退"博傻游戏"开幕？已有投资者 165 万"割肉出局"》，提醒投资者新都酒店"博傻"苗头已出现，必须注意风险。

同时在 2017 年 6 月 20 日中午，《中国证券报》再度发布《十分钟成交 1

亿股，半天换手逾三成！游资"博傻"新都退，50 万以下小散只能旁观》等文章，再次提醒投资者要注意风险。然而，这些文章并未警醒冒进的投资者。

果然，2017 年 6 月 20 日，新都酒店股票上午一开盘，本来躺在跌停板，突然出现大量买盘，仅 1 分钟之内，就连续出现 23 万手、17.4 万手、15 万手和 10.5 万手的超级买单。此后还出现了数次的巨量买单，将新都酒店的股价从 1.21 元的跌停价直线拉高至 1.33 元，跌幅几乎缩小为零。

此后，多空双方激烈博弈。下午开盘后，新都酒店股价一度涨近 4%，但临近收盘时股价再度大幅跳水，股价最终收于 1.23 元，下跌 8.21%，全天振幅高达 14.18%。

2017 年 6 月 20 日，新都酒店股票高达 37.17% 的换手率位居两市第九，成交近 1.6 亿股更是创下自 1994 年上市以来的新高。

但是，实际上的换手率还要远高于此，因为根据监管规定，新都酒店的四大股东［深圳长城汇理六号专项投资企业（有限合伙）、深圳长城汇理资产管理有限公司、深圳市瀚明投资有限公司和深圳丰兴汇资产管理企业（有限合伙）］不得减持。这四大股东合计持股约 8 810 万股，占新都酒店总股本的 20.5%。所以，如果剔除这部分股票，新都酒店股票当天的实际换手率可能高达 46%。

这样的数据显示，有一些冒进的投资者参与其中，游资的抢筹并未推动新都酒店的股票价格大涨，6 月 20 日的收盘价为 1.23 元，仅比跌停价 1.21 元高出 2 分，这也意味着盘中不少"追高杀入"的投资者已经被套。

其实，不仅新都酒店股票中产生了被套的投资者，很多启动退市的企业股票都发生了这类情况。

图 1-19 所示的欣泰电气退市程序启动后，投资者利用投资资金频频进场寻找抄底机会。首个复牌日，尽管股价全天封跌停，但欣泰电气依然成交超过 4 000 万元。

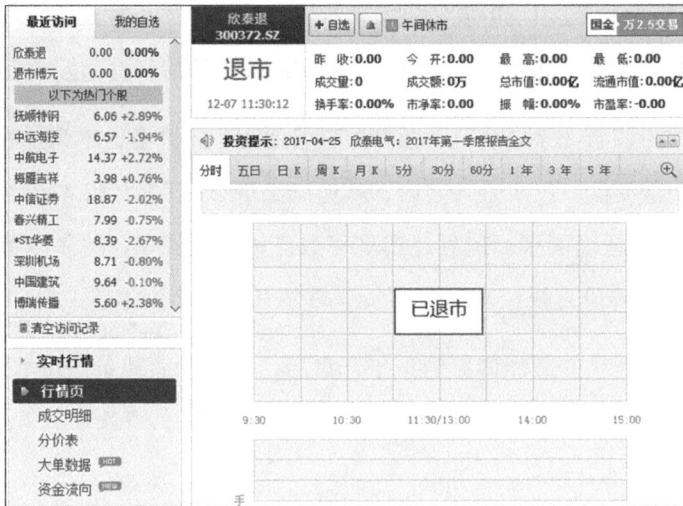

图 1-19　欣泰电气退市

在深交所、券商等开始进行风险提示后，自复牌以来的 30 个交易日，欣泰电气累计成交依然逾 11.77 亿元。期间不断有多笔大单在集中竞价阶段成交，吸引投资者跟风买入，造成了从跌停飙至涨停的情况，许多"追高杀入"的资金被套。

图 1-20 所示的博元投资退市，也存在冒进投资者被套牢的情况。

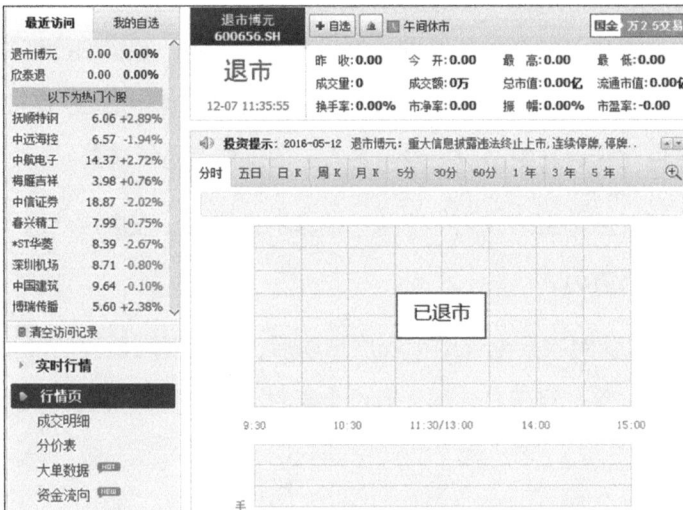

图 1-20　博元投资退市

这些投资者无视风险提示，不断地买入。进入退市整理期后的博元投资曾连续4个交易日跌停，其后虽有所企稳，可是股价总体仍呈下跌态势，最终导致大部分冒进投入的投资者惨遭套牢。

为什么会出现这样的情况？

因为有些投资者抱着退市股日后能够重新上市的心态，所以他们大量买入股票，以期未来能获得巨额收益。但是，在IPO审核趋严的背景下，监管机构对重新上市企业在盈利、现金流方面的要求都比较高，大多数退市的企业重新上市的可能性比较小。

很多投资者不能够理性看待公司重新上市的预期，忽视了退市企业重新上市的预期风险，选择了低价"抄底"的投资，进行了危险交易，却不料因此产生巨额亏损。

在博弈中，投资者为了获得最大化的利益，总是期待有更多的投资者出现，结果越贪婪越容易失去理性，一不小心成了最后一个接盘者。所以，当贪念出现时，别忘了提醒自己，贪婪会把你带入破产的深渊。

★投资交易态度调查表

（1）认为上市公司一定掌握了你不知道的情况，所以才导致你的这次亏损。

　　　　□同意 □不同意

（2）你眼里的股市游戏是以下哪一种？

　　　　□负和游戏 □零和游戏

（3）你和市场主力的博弈注定会输。

　　　　□同意 □不同意

（4）进行交易前，你已经确定了风险。

　　　　□同意 □不同意

（5）你认为要看出市场下一步可能的走势是需要成本的。

　　□同意 □不同意

（6）如果你不确定下一次交易会不会赚钱，你甚至不会开始交易。

　　□同意 □不同意

（7）你认真地分析过上市公司发布消息的心理动机。

　　□同意 □不同意

（8）你认为市场主力的操作不能对你造成过多的影响。

　　□同意 □不同意

（9）进行交易之前，你是否预测过股市的下一步走势？

　　□预测过 □没有预测过

（10）你总觉得市场在跟自己作对。

　　□同意 □不同意

（11）你认为投资者大多是以下哪一种？

　　□聪明的 □冒进的

（12）你认为你是哪一种投资者？

　　□聪明的 □冒进的

（13）投资股市的这段时间，你认为你是盈利的还是亏损的？

　　□盈利的 □亏损的

（14）在交易过程中，你最大的弱点是什么？

　　□贪婪 □恐惧

（15）你更想改变你的交易方式，还是你的交易心态？

　　□交易方式 □交易心态

第 2 章
股市交易中的心理博弈战

逆反行为和从众行为一样愚蠢。

——沃伦·巴菲特

　　本书的第 1 章介绍了股市中各类参与者的心态与行为动机，在此基础之上，本章将解读股市中各类参与者之间存在的各种博弈。

　　在零和游戏中，游戏参与者只有不停地博弈，才能赢得筹码。股市中的博弈，当然是从股市中各类参与者的心理角度出发，了解股市中的攻心为上、利多消息与利空消息模型、市场主力之间的博弈与反博弈；同时，还应从情绪和人性的角度出发，剖析股市交易中市场主力与投资者之间是如何进行博弈的。

2.1 股市中的零和游戏和负和游戏

股市从本质上讲是一场零和游戏。

零和游戏，又叫作零和博弈，与非零和博弈相对，是博弈论的一个概念，属于非合作博弈。零和游戏是指参与博弈的各方严格竞争，一方获利必然意味着另一方亏损，博弈各方的收益和损失相加的总和永远为零。赢家的利润来自输家的亏损，因此，双方不存在合作的可能性。

零和游戏吻合以下 3 点要求：

（1）赢家的获利总额始终等于输家的损失总额；

（2）游戏过程是封闭的且不创造任何价值的；

（3）游戏的总成绩永远为零。

股市的本质是一场零和游戏，股市中有人盈利，就一定有人亏损。股市外部资金流出、流入基本相等，券商佣金和政府印花税税收之和大约等于净利润总额。

股市中的投资者不仅要获取收益，更要承担风险。上市公司发行股票卖给投资者，投资者获得投资收益或承担投资风险，并且可以随时把股票卖给其他投资者。之所以说股票交易的过程是一场零和游戏，是因为股票交易本身不创造任何财富，那么既然有人要盈利，就必然有人要亏损。

这场零和游戏是持续的，投资者为什么能够在游戏中获利？这是因为通过股票交易这种集中的方式，把多数投资者的资金集中到少数投资者手里，这个交易的过程就具有零和游戏的性质，而这个零和游戏中最普遍的现象就是只有少数人才能盈利。

如果更深入地分析这场零和游戏，那么可以说股票交易是一种投机行为，其本质是一个财富再分配的过程，如图 2-1 所示。

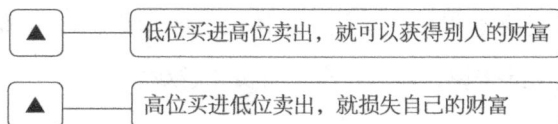

▲ ──── 低位买进高位卖出，就可以获得别人的财富

▲ ──── 高位买进低位卖出，就损失自己的财富

图 2-1　股市中的零和游戏

在股市中，上市公司发行股票、市场主力积极参与，而股市中的大、中、小投资者们通过股票交易来转移分配财富。

而股价上涨是获取别人财富的必然条件，股价下跌是兑现别人财富的必然条件，只有通过股价的涨跌才能完成财富的转移分配。当然，其结果是多数人的财富被转移分配到少数人手中。

虽然股市本质上是一场零和游戏，但是股市中也存在负和游戏。负和游戏是指博弈双方或多方虽有一部分获胜，但也付出了惨重的代价，总体来说得不偿失，没有赢家。

A 股经历过漫长的熊市，熊市中的负和游戏显现得更为明显。投资者们每年付出的代价大致有印花税、佣金、手续费、基金申购和赎回费用等。这些代价产生的费用的总数远远高于投资者们每年得到的收益，所以，总体来说，这是负和游戏。

来对比一下投资者们于 2007 年总体付出的代价和总体的收益。

图 2-2 为 2007 年投资者们的总体投资成本。

01 ──── 2007 年上缴印花税约 2 100 亿元

02 ──── 2007 年交易佣金约 2 000 亿元

03 ──── 2007 年交易手续费约 2 000 亿元

图 2-2　2007 年总体投资成本

投资者们的总体收益只有上市公司的分红，2007 年是历年来上市公司分红最多的一年。那么分红总额是多少呢？约 1 800 亿元。

对比总体投资成本和总体收益，总体投资成本约 18 845 亿元，总体收益约 1 800 亿元。由此来说，股市中存在着负和游戏。

或许，上面的数据不足以令投资者们信服，那么，笔者就具体计算一下投资者们的回报率。

假如，股市的总投入是 1 亿元，原始股东的投入占总投入的 20%，其他小股东（含股票或基金投资者）的投入占总投入的 60%，分红占总投入的 20%，那么，大致的收益划分如图 2-3 所示。

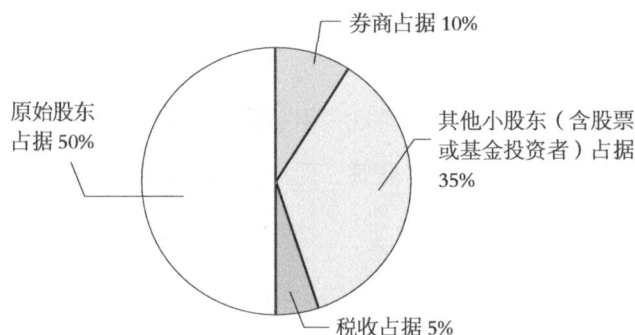

图 2-3　收益分配

在图 2-3 划分的基础之上，在公平的情况下，对股票投资者的回报率是 14%，股票投资者的胜率大约是 14%。在不公平的情况下，存在市场主力和上市公司联合操作的情况，对股票投资者的回报率是 7%，股票投资者的胜率大约是 7%。

7% 的回报率足以说明股市中存在着较多的负和游戏。股市中的投资者们若想要在股市中盈利，就必须有更加稳定、成熟的投资心理。

2.2 筹码总量不变的筹码分布

相较于国外，"筹码分布"是一个比较中国化的称呼，我国很多投资者习惯把投资股票叫作"炒股"，而股票一加上"炒"字，就有了更多的人为操作的味道、有了更多的博弈的味道。而如果把股票的仓位叫作"筹码"，也就体现出股市有着浓厚的博弈色彩。

在股市的这场零和游戏的博弈中，投资者要做的是用自己的资金换取别人的筹码，再用自己的筹码换取其他投资者的资金，于是就赚了其他投资者的钱。所以对任何一个投资者而言，理解和运用筹码及筹码分布是极其重要的。

而"筹码分布"的学术名称应为"流通股票持仓成本分布"，它的市场含义可以理解为：在不同价位上投资者的持仓数量。因为流通盘是固定的，所以无论流通筹码在盘中如何分布，其累计量必然等于总流通盘。

股市中的某只股票在不同价位产生着不同的成交量，这些成交量在不同价位的分布量，形成了不同价位的股票的"持仓成本"。分析股票的持仓成本，对于投资者分析股市有着重要的作用。

2.2.1 筹码分布模型

关于股票的筹码分布，投资者可以通过简单的筹码分布模型进行分析。比如，某公司有 8 股股票，这 8 股股票被 3 个不同的投资者持有，如图 2-4 所示。

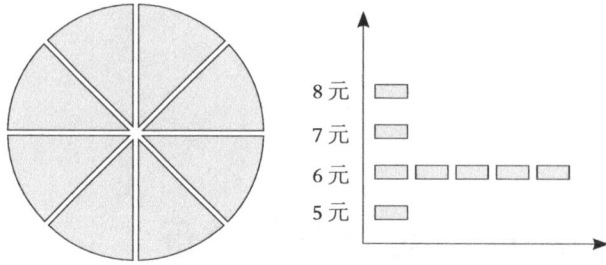

图 2-4　筹码分布模型（1）

在图 2-4 中，把股票换成右侧的筹码，把这些筹码按照 3 位投资者买进的成本堆放到它相应的价位上，也就是投资者 A 曾在 5 元价位上买过 1 股，而后又在 6 元价位上买了 2 股；而投资者 B 则在 6 元价位上买了 3 股；投资者 C 在 7 元价位上买了 1 股，在 8 元价位上买了 1 股。

从图 2-4 中可以清楚地看到：股票在 6 元价位上的投资者的筹码多一些，在 5 元、7 元、8 元价位上的筹码较少。

若这时投资者 D 想要购买此股票，而投资者 A 刚好要卖出此股票，投资者 A 就将手中的 5 元建仓的 1 股和 6 元建仓的 2 股股票，以每股 8 元的价格转卖给了投资者 D，这时的筹码分布如图 2-5 所示。

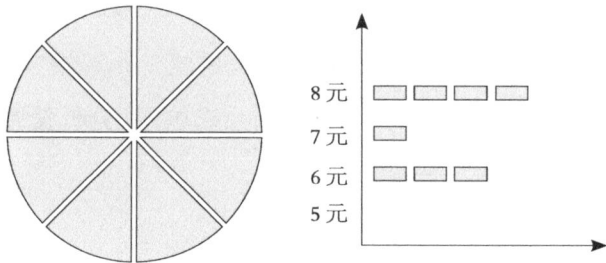

图 2-5　筹码分布模型（2）

图 2-5 所示，此股票的数量还是 8 股，只是筹码的分布变了，筹码进行了一次流动。

从图 2-5 中可以清楚地看到：8 元价位上的筹码多一些，6 元价位上的筹码量较少，7 元价位上的筹码最少，而 5 元价位上已经没有筹码了。

以上筹码分布模型的案例，说明了筹码的分布不是一成不变的，而是可以变化的，其反映了一只股票的全体投资者在全部流通盘上的建仓成本和持仓量，也表明了盘面上最真实的仓位状况。

如果将上述的筹码分布模型换成真正的上市公司，就要增加筹码的数量，因为上市公司的流通盘最少也有 1 000 万股，而且其价位分布是很广泛的，如图 2-6 所示。

图 2-6 上市公司筹码分布

图 2-6 是一张真正的上市公司的筹码分布图，筹码分布图位于 K 线图的右边，在价位上它和 K 线图使用同一个坐标系。当出现筹码堆积时，筹码分布图看上去像一个侧置的群山图案。这些山峰实际上是由一条条自左向右的线堆积而成的，每个价位区间拥有一条代表持仓量的线。持仓量越大则线越长，这些长短不一的线堆在一起就形成了高矮不齐的山峰形态，也就是筹码分布的形态。

2.2.2 密集筹码分布形态

某只股票一轮行情的发展都由成本转换开始，又因成本转换而结束，而成本转换就是筹码流动，是指持仓筹码由一个价位向另一个价位流动。

筹码分布在股市图中的表现不仅是股价的转变，而且还是持仓筹码数量的
转换。在前文中介绍过，一轮行情的跌宕起伏与市场主力的行为密不可分，而
市场主力行为最本质的体现是对持有股票的持仓成本的控制。

筹码分布可分为密集状态和发散状态，如图 2-7 所示。

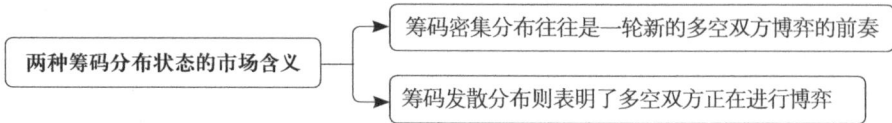

两种筹码分布状态的市场含义 → 筹码密集分布往往是一轮新的多空双方博弈的前奏
筹码发散分布则表明了多空双方正在进行博弈

图 2-7　两种筹码分布状态的市场含义

如果一只股票的筹码分布在比较广阔的价格空间之内，我们就称其为筹码
发散，如图 2-8 所示。

图 2-8　筹码发散

随着股价上涨至最高点，一部分持有低位筹码的投资者获利了结，筹码向
高位转移，形成了图 2-8 中的筹码发散。

如果一只股票在某一个价位附近横盘了很长的时间，就会造成横盘区上方
和下方的筹码向这个横盘区集中，甚至会形成在 20% 左右的价格空间内聚集
了该只股票几乎所有筹码的形态，这种状态被称为筹码密集，如图 2-9 所示。

图 2-9　筹码密集

观察图 2-9，股票价格达到高位后开始下跌，在图中的右侧方框中，可以看见此时高价位的筹码已经不多了，并在此处形成了一个非常明显的密集峰，这样的筹码状态就叫筹码密集。这个密集峰的形成是由于上方套牢盘中投资者的成本亏损，从而将上方的筹码不断地换到下方。

市场的筹码是固定的，要么在 A 手里，要么在 B 手里，市场主力为了获得更多的低价筹码，不断地利用心理战获取个人投资者的筹码，其中运用最多的战术就是"攻心为上"。

2.3　什么是"攻心为上"

三国时期，马谡在蜀汉丞相诸葛亮决定率军平定南中叛乱时，献上了"攻心为上，攻城为下；心战为上，兵战为下"的良策。"攻心为上，攻城为下"是马谡的攻心战策略，也是用兵作战的原则。

"攻心为上"的策略在股市交易中同样适用，市场主力在吸筹、出货的过程中往往会对投资者实行攻心战。

市场主力要吸筹时，需要调动投资者卖出筹码，此时市场主力的做法大多都是运用攻心为上的心理战，市场主力吸筹的具体步骤如图2-10所示。

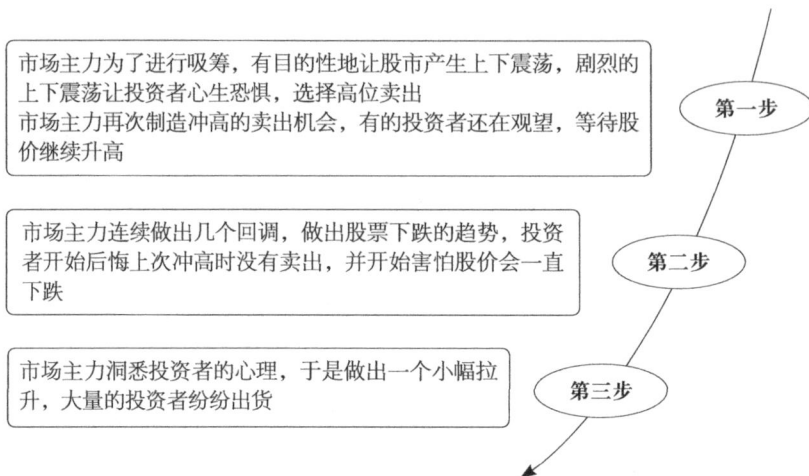

市场主力为了进行吸筹，有目的性地让股市产生上下震荡，剧烈的上下震荡让投资者心生恐惧，选择高位卖出
市场主力再次制造冲高的卖出机会，有的投资者还在观望，等待股价继续升高

第一步

市场主力连续做出几个回调，做出股票下跌的趋势，投资者开始后悔上次冲高时没有卖出，并开始害怕股价会一直下跌

第二步

市场主力洞悉投资者的心理，于是做出一个小幅拉升，大量的投资者纷纷出货

第三步

图 2-10　市场主力的吸筹步骤

市场主力要大量卖出股票时，需要调动投资者买入股票，此时市场主力对投资者再次实行攻心战，市场主力出货的具体步骤如图 2-11 所示。

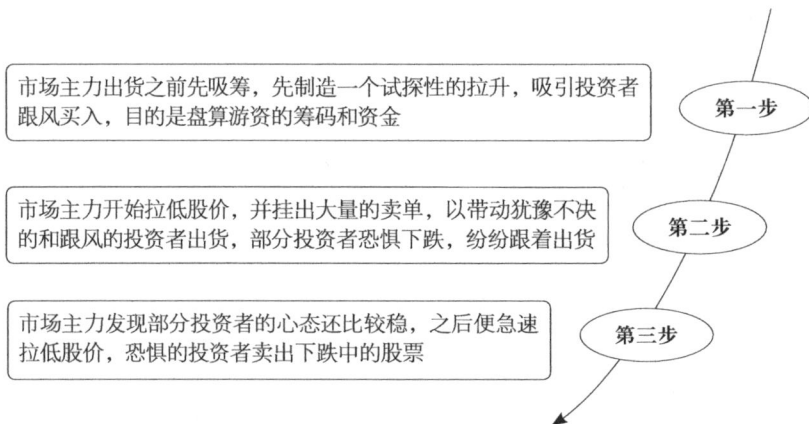

市场主力出货之前先吸筹，先制造一个试探性的拉升，吸引投资者跟风买入，目的是盘算游资的筹码和资金

第一步

市场主力开始拉低股价，并挂出大量的卖单，以带动犹豫不决的和跟风的投资者出货，部分投资者恐惧下跌，纷纷跟着出货

第二步

市场主力发现部分投资者的心态还比较稳，之后便急速拉低股价，恐惧的投资者卖出下跌中的股票

第三步

图 2-11　市场主力的出货步骤

从图 2-10 和图 2-11 中可以看出，市场主力利用投资者的贪婪和恐惧，反复地拉升与拉低股价，达到吸筹或者出货的目的。在市场主力与投资者的攻

心较量中，市场主力的目的是让股价的反复拉升与回调形成同一个规律，利用股市形成的共振套牢投资者。

面对主力"攻心为上"的心态

市场主力的攻心战实行起来往往简单却又见效，面对市场主力的"攻心为上"战术，投资者是什么心态呢？

很多投资者明知道股票要进入上涨通道，但是由于害怕未来会下跌，犹豫了数日后还是选择卖出，果然，卖出之后股价如预期般上涨。

例如，2017 年 4 月 24 日，金融市场遭遇"黑色星期一"，股市、债市、商品期货的价格齐齐下跌。2017 年 4 月中旬，我国股市出现了大幅度下跌状况，上海证券交易所综合股价指数（以下简称"沪指"）下跌 2.2%，创 2017 年年内最大周跌幅。投资者们还未回过神来的时候，2017 年 4 月 24 日，股市再次开启闪跌模式。

在亚洲基准股指普涨之际，唯 A 股遭遇猛烈抛售，权重股大幅"杀跌"。沪指早盘低开，2017 年 4 月 24 日午后一度下跌 1.9%，创 2017 年 1 月 16 日以来最大日内跌幅，逼近 3 100 点；收盘价下跌 1.37%，创 2016 年 12 月 12 日以来最大单日跌幅，报 3 129.53 点。

2017 年 4 月 24 日是 2017 年年内沪指首次收盘跌幅超过 1% 的交易日。在该日，沪指终结了连续 86 个交易日跌幅不超 1% 的纪录，而连续 86 个交易日跌幅不超 1% 的纪录是 1992 年 A 股开设股市初期以来的最长纪录。

在"黑色星期一"的背景之下，笔者建议投资者们加仓买入蓝筹股，然而大量的投资者不敢买入，纷纷出逃。投资者的交易出现了如图 2-12 所示的情况。

01	推荐某只蓝筹股股票，当股票价格在 20 元或者 25 元左右的时候不敢买入
02	当股票价格上涨到 30 元或者 40 元左右的时候才跟风买入
03	当股价涨到 60 元或者 70 元左右时，即股价差不多涨 1 倍的时候，便纷纷卖掉

图 2-12　股价上涨时个人投资者的交易情况

为什么股价涨一倍的时候很多投资者选择卖出呢？因为投资者有恐惧的心理，即明知道股价还会上涨，但是因为害怕再次下跌，想落袋为安，于是选择卖掉正在盈利的股票。

反过来，股价下跌的时候也是一样的道理，图 2-13 讲述了股价在下跌时投资者的心理变化过程。

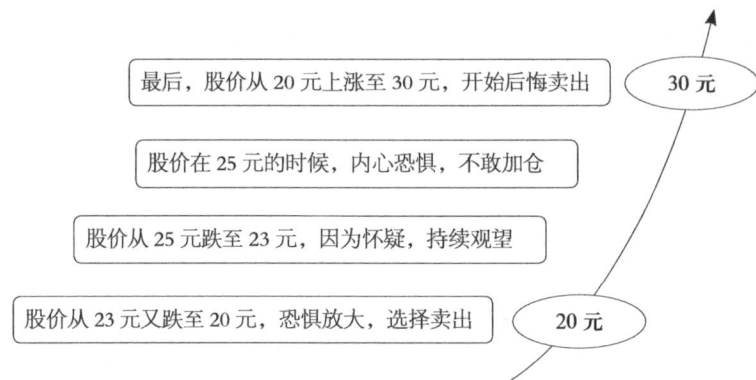

最后，股价从 20 元上涨至 30 元，开始后悔卖出　　30 元

股价在 25 元的时候，内心恐惧，不敢加仓

股价从 25 元跌至 23 元，因为怀疑，持续观望

股价从 23 元又跌至 20 元，恐惧放大，选择卖出　　20 元

图 2-13　股价下跌时个人投资者的心理变化

根据图 2-13 中的股价走势，股价在 25 元的时候，笔者告诉投资者们股价会涨至 30 元，但期间股价从 25 元跌到 23 元的时候，很多投资者就沉不住气了，开始恐惧，害怕股价会继续下跌。股价在此期间真的出现下跌，在跌到了 20 元的时候，很多投资者就卖掉了，因为股价在 20 元的时间太长了，投资者们在此期间备受煎熬，怕股价再次下跌，于是将持有的股票全部卖出，随后股价上涨至 30 元，投资者就开始后悔卖早了。

从上述投资者随股价变化而产生的心理变化中可以看出，市场主力就是利用投资者的"贪"和"怕"这两种心理，不断地利用"攻心为上"策略实行心理战。

2.4　市场主力之间的博弈与反博弈

　　股市中的投资者可根据其拥有资金量的多少划分为市场主力和个人投资者。相较于个人投资者，市场主力在资金数量及获取前沿消息上拥有绝对优势。影响一家或者数家上市公司股票价格的市场主力，可以是个人也可以是机构。

　　市场主力主要是在股价低位充分吸筹，然后通过整理、拉升、高位大量出货等步骤实现盈利。而在现实的股票市场中，并不是所有的市场主力都能够盈利，市场中也有亏损的市场主力。盈亏的关键是看市场主力在高位处能否成功大量出货。

　　市场主力一般持股数量较多，若想高位获利必须有足够多的接盘者才能兑现利润，不然这个利润是不能兑现的。市场主力不仅和个人投资者进行博弈，还和其他市场主力进行博弈。

　　市场主力之间的博弈分为两种方式：静态博弈、动态博弈。

2.4.1　静态博弈与反博弈

　　静态博弈指的是双方或者多方同时行动的博弈，或者不同时行动，但后行动者不知道先行动者的决策的博弈。

　　若一个市场主力（可以是个人或者机构）的在位者（以下简称"市场主力在位者"），已经在某只股票中吸筹，并已持有大量的股票，要是有另外一个市场主力（可以是个人或者机构）进入（以下简称"市场主力进入者"），且也想操作该股票，那他便会大量购买此股票的流通股，那么此时，这两个市场主力就构成了一个典型的市场进入博弈模型，这个博弈模型如表 2-1 所示。

表 2-1 博弈模型

		市场主力在位者	
		博弈	不博弈
市场主力进入者	进入		
	不进入		

市场主力在位者按照如图 2-14 所示的两种选择,与市场主力进入者进行博弈,或不与市场主力进入者进行博弈。

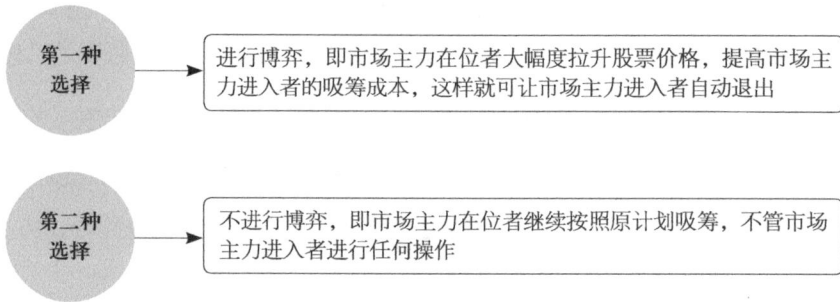

图 2-14 市场主力在位者博弈策略的选择

不仅市场主力在位者可以进行选择,市场主力进入者也可以进行以下两种选择,如图 2-15 所示。

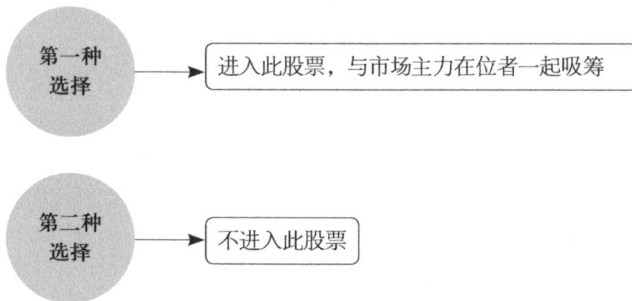

图 2-15 市场主力进入者博弈策略的选择

对以上两个市场主力的行为进行分析,若市场主力进入者确定进入,并想要吸筹,那么市场主力在位者看到有外来者进入,便会提高股价,目的是提高市场主力进入者的持仓成本。

这样，在目标价位一定的情况下，缩小了获利的空间，提高了高位派发的风险，可能会使得市场主力进入者亏损，而市场主力在位者通过博弈行为可以获得更高的利润，比不博弈更划算。市场主力进入者亏损的一部分，会成为市场主力在位者的利润，形成市场主力在位者"吃掉"市场主力进入者的现象。

如果市场主力进入者进入，而市场主力在位者不博弈，则市场主力进入者获利，市场主力在位者获利减少。

如果市场主力进入者不进入，则市场主力在位者的博弈行为会使得自己的部分利润流入个人投资者的腰包。

2.4.2 动态博弈与反博弈

动态博弈是指博弈双方或者多方参与者对其他参与者的数据有着完全的了解，并在此前提之下进行的一系列操作。例如，中国象棋就是动态博弈，下棋者根据对手的行动而行动。

若市场主力在位者不直接选择与市场主力进入者进行博弈或者不博弈，而是根据成交量的信息来决定是否与其进行博弈，那么这就属于动态博弈。如果市场主力进入者先行动，那么市场主力在位者可以根据市场主力进入者的策略选择合适的策略进行博弈。

若市场主力进入者进入，市场主力在位者不进行博弈，那么市场主力进入者的最优策略为进入。若是市场主力在位者的策略是博弈，那么市场主力进入者的最优策略为不进入。

在这个动态博弈模型中，如果市场主力进入者发现某个股票中已有市场主力在位者，则多数情况下，市场主力进入者会选择另一只没有市场主力在位者的股票进入。

随着市场主力数量的增多，先进入的市场主力往往选择业绩好的股票，而后进入的市场主力为了避开有市场主力在位者的股票，只能选择业绩较差的股票进入，一旦行情看涨，所有市场主力各显神通，纷纷拉升自己的股票，形成股市的普涨。

什么时候会出现市场主力联合操作股票的情况呢？

在上市公司股本不断扩张、股票的平均流通市值不断上升的情况下，如果市场主力要成功地操作此股票，就需要大量资金进行操作。而资金规模不是很大的中小型市场主力就可以选择联合操作，也就是两个市场主力共同参与一只股票，通常，这两个市场主力会进行如图 2-16 的操作。

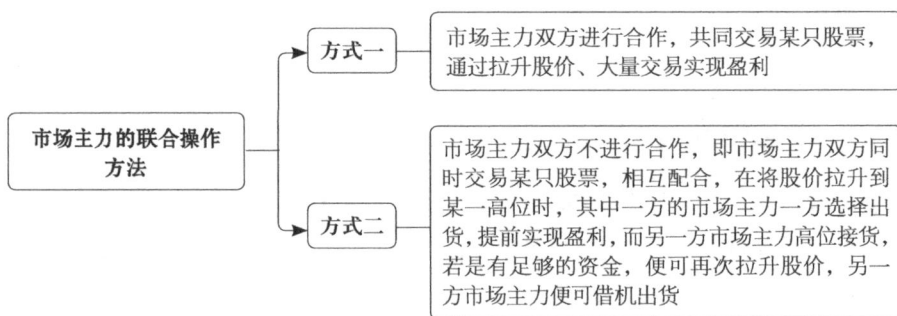

图 2-16　市场主力的联合操作方法

2.5　市场消息与交易情绪的攻防

市场消息总会或多或少地影响投资者的交易情绪，且大多数情况下，投资者的交易情绪会被市场消息所"攻陷"，这是市场上大部分投资者都会碰到的致命问题。

2.5.1　市场中的消息

在股市中，投资者能够获得上市公司发布的消息，也能够获得市场主力发布的消息，还能够获得股评家或其他投资者散布的消息。可以说，在不确定的股票市场中，这些股票消息鱼龙混杂，具有一定的真实性和虚假性。

不仅如此，如今的互联网中也充斥着杂七杂八的股市消息，有预测的，有评论的；有利好的，有利空的；有乐观的，有悲观的。各种消息让投资者无所适从。

这些消息都是股市中的不同人群发出的，都是其心理特征的外在意向和行为表现。若认真梳理这些信息，对其进行分类和分析，往往可以发现股市走向的信号。

股市消息，可以用不同分类方式进行划分，这里，笔者以其中一种分类方式进行划分，如图 2-17 所示。

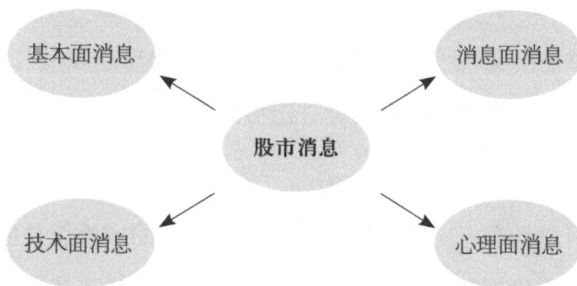

图 2-17　股市消息分类

1. 基本面消息

基本面分析是指对宏观经济、行业和上市公司基本情况的分析，包括对宏观经济运行态势、公司经营理念策略、公司财务报表等的分析。而基本面消息就是指对宏观经济、行业和上市公司基本情况分析后发布的一系列消息。

2. 消息面消息

消息面消息也叫信息地雷，其中既有上市公司发布的真真假假的利好或利空消息，也有市场主力故意散布的真真假假的消息。

将市场主力视为"假想敌"的个人投资者绝不在少数，他们整天关心的就是市场主力何时拉高股价以及何时出货。在这部分投资者眼里，市场主力到底长什么样，谁也不知道，但确实有个叫市场主力的"人"处处跟自己过不去，自己一买就被套，一抛就涨。于是个人投资者不得不到处打探市场主力的消息，寻找市场主力的踪影，以便随时跟上市场主力的脚步。

正是因为个人投资者对市场主力的这种距离感或者说敌意，市场主力才能将计就计，故意透露些消息给个人投资者，个人投资者又传给朋友，知道的人越来越多，跟进的人也越来越多。此时，市场主力就顺水推舟，利用手上大量的资金与底部筹码，在消息传开之时顺势拉抬股价，众多个人投资者一见消息无误，于是大举跟进。就在大家的一片追涨声中，市场主力将筹码统统都转给了个人投资者，全身而退。此时，众多个人投资者才如梦初醒，但为时已晚。

3. 技术面消息

技术面消息是指反映股价变化的技术指标、走势形态以及 K 线组合等。而技术面的消息就是通过股价的技术指标、走势形态以及 K 线组合反映出来的股市消息。

技术面的消息具有一定的难以把控性。技术面的实质就是应用金融市场最简单的供求关系变化规律，寻找、摸索出一套分析市场走势、预测市场未来趋势的分析方法。但是，这套方法的理论众多，各个理论之间既可以相互弥补，又存在冲突，普通的投资者难以应用得当。

4. 心理面消息

股市中的大部分投资者在遇到某只股票的价格大起大落的时候，其判断力常常受到大多数投资者的影响而变得情绪化。人群中的个人具有相似的心理，从而其行为表现出趋同性，而股价走势就是这一趋同行为的反映，因此投资者的情绪极易受市场行情和气氛左右。

在上述 4 类消息中，消息面消息和心理面消息是引起投资者情绪波动的主要因素，尤其是消息面的消息，它真真假假，难以辨别，极易扰乱投资者的交易心态和交易节奏。

2.5.2　消息左右交易决策

这里，先讲述笔者的一个朋友——李女士的故事。

2003 年，李女士邀请笔者参加一场宴会。据她说，该宴会中邀请到了某上市公司的部门经理，李女士正好持有这家上市公司的股票，所以，她想借这次机会与上市公司的部门经理沟通一下，借机探听关于此上市公司的内部消息。

宴会期间，李女士借机和该上市公司的经理交谈，并询问道："最近，贵公司情况还好吧？"

上市公司的经理说："我们公司的情况已经全面好转，这个季度的销售额不错。不过现在还有一点麻烦，所以股票价格还没有回升，未来肯定会一路飙升。我们公司的季度盈利报告将在一个星期后公布，你可以加大持仓量。"

听完上市公司经理的一番建议，李女士心情大好，迫不及待地在宴会结束后，就告诉身边的朋友这个"内部好消息"。

于是，这个"内部消息"在小范围内传开了。很多投资者有点恐惧，害怕这个消息是假的，又有点贪婪，担心万一买少了，错过了这次赚钱机会。在恐惧与贪婪的犹豫、徘徊之后，有些投资者开始买入或者加仓。

果然在上市公司公布季度盈利报告后，该股票价格开始上涨。可是刚刚上涨几天，便开始朝相反的方向像瀑布般地下跌，李女士被深度套牢。

笔者的这位朋友李女士的情况，非常具有代表性，大部分投资者会碰到的致命问题就是不具备综合分析能力。

股票投资是一门综合性学科，是财务、心理、综合判断能力的叠加，投资者需要具备综合分析能力，如图 2-18 所示。财务分析能力是投资者必须具备的基本功，投资者虽然不需要较高的财务分析能力，但是必须能够看懂上市公司所发布的财报。

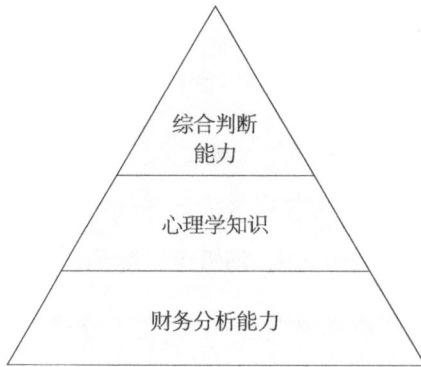

图 2-18　投资者所需的综合分析能力

　　股票市场中的投资者，大多只有两种心理，即贪婪与恐惧，而市场主力就好像股市中的心理学家，将贪婪和恐惧的投资者"玩得团团转"。因此，投资者学习了解一些心理学知识，既可以把控自己的心态和情绪，也可以识别市场主力的参与手法。

　　总体而言，综合判断能力是三者之中最难培养的，综合判断能力包括对上市公司的行业前景、商业模式、管理层的优差、竞争对手、估值高低、未来的发展潜力的判断能力。即使投资者掌握了综合判断能力，也可能会存在判断失误的情况。

　　一般来说，大多数投资者都无法精准掌控股市的外部大环境以及上市公司内部的运营情况。正是因为这样，投资者在进行交易时，才最容易被市场上的消息所影响。

　　股市存在波动性，这是无法避免的。整个交易市场总会受到各种消息以及投资者情绪的影响，所以股票价格会波动。尤其是在一些重大新闻的刺激之下，股价的波动会更加明显。于是，一旦上市公司、市场主力、股评家们，乃至身边的朋友散布出关于股市的消息，那么一些投资者总会产生恐慌的交易情绪。

　　有时候，市场上发布的消息并不会及时反映市场当下的情况。有时候当投资者从市场上看见，或者听见与经营报告、收支平衡表、消费物价指数等相关的数据时，市场已经发生了变化，然而遗憾的是大部分投资者更愿意根据市场消息进行交易操作。

2.5.3 交易情绪被引导

很多时候，当市场消息出现之后，有些人就成了"神预测"，开始自以为是地分析，甚至一些股评家也忽视了股市真实的走势，而过分地关注市场消息。

当上市公司发布消息后，一旦股评家开启预测式的分析，此时大部分投资者的交易情绪已经被彻底左右了。

在这里，笔者以一个虚拟的案例来讲解个人交易情绪是如何被引导的。

例如，A 公司的股东是一位名气极高的公众人物，某一天上市公司 M 发布公告称将要被 A 公司收购。由于 A 公司的股东是公众人物，这则新闻迅速成为各大媒体的头条新闻，这起收购案迅速成为热门话题。一些媒体人盛赞这次收购，一些媒体人批评这次收购。

喜欢这个公众人物的投资者，记住了媒体人对这次收购的盛赞，自动忽略了其他媒体人对这次收购的批评。

投资者们并不了解上市公司 M，但是通过各种新闻了解了该公众人物，并且该公众人物从未有过负面新闻，风评较好。于是，投资者爱屋及乌，认为这次收购是一个利好消息，未来股价肯定会大涨，于是纷纷买入上市公司 M 的股票。

下面用图 2-19 所示的模拟的股价走势图，来说明这次收购对股价的影响。

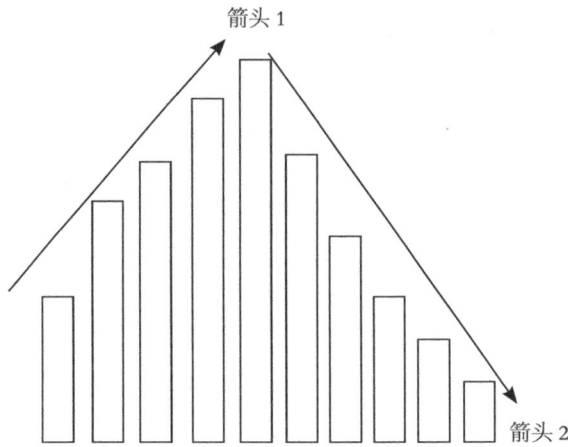

图 2-19 上市公司 M 的股价模拟走势

上市公司 M 发布收购公告后停牌，停牌时股价并不高。一个月后上市公司 M 复牌，复牌后，公众人物的明星效应使得投资者纷纷入手上市公司 M 的股票，使得上市公司 M 的股价连续两个交易日涨停，第三、第四个交易日继续收涨。

众多观望的投资者见股价暴涨，不想错过这次交易良机，也一窝蜂涌入市场买入该股票，股价水涨船高、再次暴涨，如图 2-19 的箭头 1 所示。就在投资者持续买入股票时，上市公司 M 突然发布《解除收购协议》，公告发布后，股价迅速下跌，开盘即跌停，大量投资者被套牢，如图 2-19 的箭头 2 所示。

虽然事后中国证券监督管理委员会（以下简称"证监会"）对这次无厘头的收购案进行调查并做出处罚，但这起并购案中的投资者已经损失惨重了。

通过这个虚拟的案例，笔者想要提醒投资者，市场消息经过无数人的以讹传讹，可能将"某些建议"灌输到投资者的头脑中了。而这些建议对投资者而言是非常危险的，因为这些被灌输进大脑中的市场消息，既会影响投资者正常的交易情绪，也可能使投资者看不到股市的真正形势。

市场消息对投资者交易情绪的影响较大。如果投资者不具有独立的分析判断能力，那么其交易情绪会被市场消息牵制，从而做出非理性交易决策。

2.6　市场主力攻陷人性的弱点

笔者前面讲的李女士的故事还没有结束，当股票下跌的时候，她立刻给上市公司的经理打电话："上次聚会不是说你们公司发展得很好吗？你们的股票怎么下跌得这么快，我很担心。到底发生了什么事情？"

上市公司经理回答说："不要担心，这只是一次自然的调整，毕竟我们公司的股票价格急剧上涨差不多快一年了。"

这时，李女士还算理智地问道："咱们是朋友，我想问一下，最近，你们公司的利润是否还在增加？"

"不瞒您说，我的朋友，我们的销售可能出了一点问题，现在这个消息恐怕已经被泄露出去了。知道此消息的人，可能在抛售我们的股票。不要担心，我保证下次跌停回升的时候把这些'熊'人赶出去，来保证股价。"

李女士吃惊地问道："你是不是正在抛售你的股票？"

"绝对没有，相比把我的钱放在其他的公司，我还是觉得放在我任职的公司更加安全，但是，想必你也知道，我们公司的其他员工确实在抛售他们的股票。"上市公司经理回答说。

李女士挂掉电话后的几天，无时无刻不在盯着该股票的走势，然而，恐惧的情绪越来越高涨，因为股价还没有上涨，于是，李女士终于忍不住了，亏损地卖掉了该股票。

股市中无论是哪一类投资者，拥有良好的投资心理和投资理念，是投资成功的"制胜法宝"。

2.6.1　个人投资者的心理特征

股市中无论是哪一类投资者，步入股市的最终目的就是盈利，而想要盈利，就要参透市场各类投资者的心理变化过程，这样才能够做出正确的投资判断。

面对图 2-20 所示的股市走势，个人投资者和市场主力会产生截然不同的心理变化。

图 2-20　股市走势

个人投资者的基本思维是：在低位疯狂下跌的股票以及在高位疯狂上涨的股票是不能购买的，在高位刚开始下跌或者股价还在上涨的时候是不能卖出股票的。个人投资者的心理变化过程如图 2-21 所示。

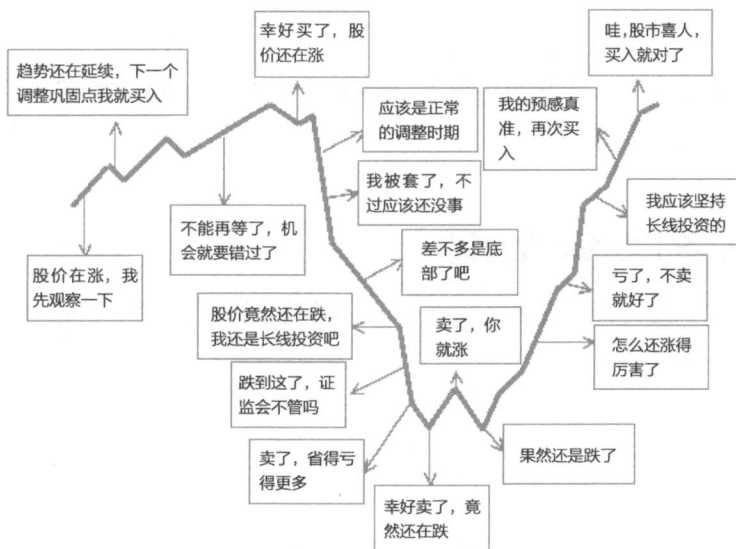

图 2-21　个人投资者的心理变化过程

根据图 2-21 所示，个人投资者的心理变化过程大致是这样的。

股价第一次上涨，投资者不敢买，先进行观察。

上涨趋势延续，出现小的回调，投资者准备在回调的巩固点买进；若是没有回调点，就直接买进。

股价继续上涨，出现回调加仓的机会，投资者不敢进行加仓。

股价开始下跌，但因还处于高位，投资者不愿卖出，即将被套牢。

股价一落千丈，出现小的回调，投资者开始忍痛亏损卖出。

股价跌入谷底，开始进行反弹，投资者开始后悔提早把股票卖出。

股市再次出现回调，之后一路上涨，投资者开始犹豫是否要买进，但之前的亏损导致投资者不敢买进。

等待股价上涨出现小的回调，开始买进，但股市继续上涨的动力已经明显不足。

个人投资者的心理变化过程可谓十分多变，正是因为大多数个人投资者的这种心理变化，即恐惧和贪婪，才导致了大多数个人投资者会被套牢，从而失去良好的投资机会。

投资者在操作一只股票的时候，不能够一味地从习惯思维出发，这样难免会进入市场主力的圈套。

2.6.2　市场主力的心理特征

对比个人投资者，来看看市场主力是如何通过个人投资者的心理变化过程来进行博弈的，如图 2-22 所示。

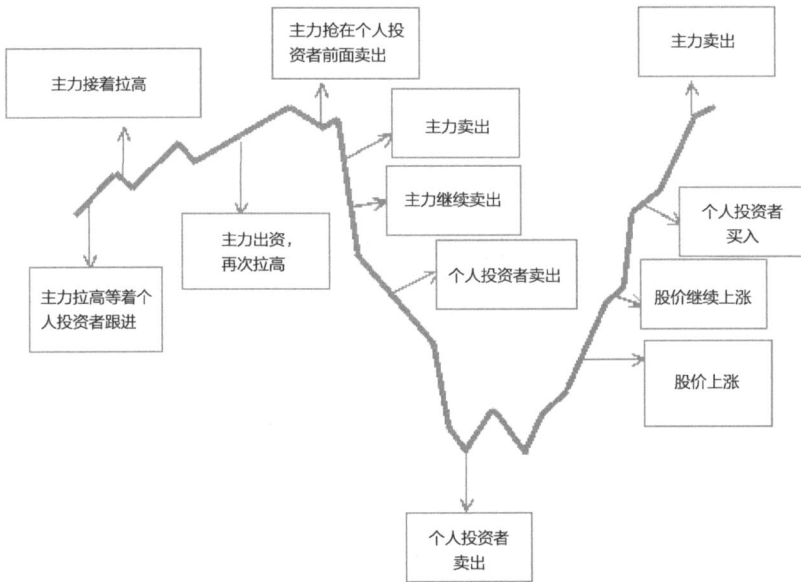

图 2-22　市场主力的博弈策略

市场主力熟知股市的规律，即股价开涨，个人投资者犹豫，股市再涨，个人投资者跟进，市场主力的心理变化过程大致如下。

拉高股价，吸引个人投资者投入资金。

制造股价回调点，等待个人投资者跟进。

股价上涨，让更多个人投资者进入。

先制造一个试探性的下跌，跌幅不大，看看股市中还有多少个人投资者和资金。

股价出现开始下跌趋势，抢在个人投资者前面卖出股票获利。

之后股价急速地向下跌落，将个人投资者洗出来之后，再次在低位买入。

拉升股价，吸引个人投资者进入市场投资。

减弱股价上涨动力，开始进行下一轮操作。

可以说，经过市场主力如此的循环操作，心理承受能力较差的个人投资者就会提早出局，而真正能够留在股市中盈利的，只有在操作中保持良好投资心态的投资者。

通过对市场主力与个人投资者在股市操作中的心理变化图的对比分析，可以说明，股市中良好的投资心理和正确的投资理念是投资者投资成功的因素之一。而另一个主要的因素就是，看清股市中市场主力的心理变化和上市公司的行为动机，只有这样才能有机会、有时间调整自己的投资心理，保持良好的投资理念，进而在投资中盈利。

★不适合出现在股票市场的 10 种人

缠师说："曾反复说过，心态的磨炼对于市场操作的重要性，但这事情要分开看。有些人，心态就是这样的，改无可改，天性如此，到了关键时刻就是顶不住，例如，明明心里知道不能买了，但手就是不受控制。现在的买卖操作又很简单，以前最早时，无论哪个机构，都有报单、红马甲之类的东西，现在随便一个个人投资者，用手机 1 秒钟就可以完成买卖。只要扛不住那 1 秒，什么技术、理论都白搭。这时候怎么办？合适的办法，就是必须从最基础的心理训练开始，但这不是任何人都有条件办到的。"

股市中存在博弈，心理素质太差或者毫无自控能力的投资者是无法在股市中生存的。缠师列举了图 2-23 中所示的 10 种不适合参与股市的人。

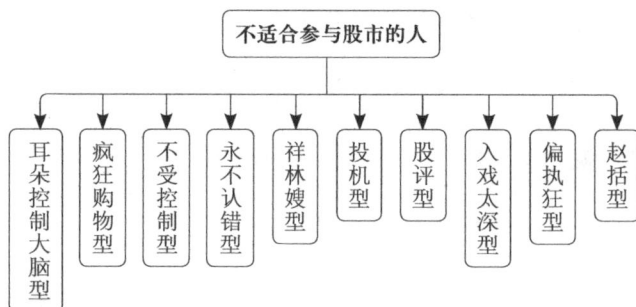

图 2-23　不适合参与股市的人

1. 耳朵控制大脑型

这样的投资者，一旦听到什么，就完全不经大脑思考，立即由耳朵控制手进行投资操作。这类投资者几乎每一次的买卖都是这样完成的，他们太受市场消息或者小道消息的影响，完全失去了自己的思考和判断，这类投资者是不适合参与市场的。

2. 疯狂购物型

这类投资者最大的特点就是，只有几万元的资金，却可以拥有几十只不同的股票，什么股票都想拥有，什么股票的价格涨了，都说"我也有"，以此来安慰自己。

其操作方式就是全面撒网，不看重点。这样的投资者操作不好任何一只股票，一旦这只股票价格跌了，他就会立刻安慰自己说还有其他股票。因此，这类投资者根本不适合在市场上操作。

3. 不受控制型

这类投资者在操作时，明明知道不对，但就是控制不住自己，心里有一股顽劲，一到需要抉择的关键时刻，永远控制不住自己。这种投资者根本不适合在市场上操作。

4. 永不认错型

"永不认错，死不改错"，同样的错误，就好像他从来没有犯过，也从来不认错。对于股票的操作，说正理他对，说反理他也对，而且不管对与错，最终他都会把这件事情囫囵过去。他永远没错，一旦犯了错误，这类投资者也永远改不掉。

但是，在市场中，一个错误就足以致命，一个不知改错的人是不适合市场的。

5. 祥林嫂型

大家应该知道祥林嫂这个人，祥林嫂是鲁迅短篇小说《祝福》中虚构的人物。

而股市中也有和祥林嫂一样的投资者，他们总是幽怨叹气，甚至会演变成特别享受这种悲剧情调，这样的投资者是不适合股市的。

6. 投机型

股市需要的是成熟的投资者，而不是冒进者。有冒进倾向的投资者根本没必要在市场中投资，因为这类投资者大多数抱有投机的心理，一旦一次交易产生了亏损，便变得不理智，一心想要将机会押在下一次的操作中，最后注定失败。

投机的胜负是不规律的，存在很大的随机性和偶然性。因此，支撑投机者的心理是急功近利的贪婪和以较少投入获取较多财富，甚至不劳而获的侥幸心理，所以，这类的投资者不适合在股市中生存。

7. 股评型

股评型的投资者不在少数，这类投资者喜欢吹嘘，明明已经亏得一塌糊涂了，但就是爱吹，就好像市场对于他来说不是用来操作的，而是用来调侃的。这类投资者不适合在市场中操作。

8. 入戏太深型

投资者需要密切关注大盘走势，只有了解大盘，才能从逆盘股和顺盘股之间寻找赚取差价的机会，才能提前感知牛市和熊市间的转折点，从而避免个股的虚假信息误导投资者的直观判断。

有这么一种投资者，他们关注大盘、关注股市的态度就好像在看电视连续剧，每一个细微的变动都可以让其情绪失控，上涨也失控、下跌也失控、盘整也失控，开盘 4 小时，就煎熬 4 小时。这种投资者在市场中太累，实在不适合参与股市。

9. 偏执狂型

偏执狂的临床特点为发病缓慢且以系统妄想为主要症状，开始以被害妄想为主，后来可出现夸大妄想的情况。这两种妄想是彼此影响的，互为因果，并伴有相应的情感和意向活动，人格保持较完整。

有这种特点的投资者在股市中的表现是不听劝、爱认死理。虽然偏执对研究理论或做其他事情可能影响不大，甚至有好处，但在万变的市场中，缠师认为偏执狂是没有"活路"的。所以，这类投资者是不适合参与股市的。

10. 赵括型

赵括，战国时期赵国人，赵国名将马服君赵奢之子。这里，缠师为什么将赵括与投资者相关联呢？这就要谈到赵括的生平。

战国时期，赵国有一员大将名叫赵奢，他的儿子名叫赵括。赵括小时候就学习兵法，谈论用兵打仗的事头头是道。赵括的父亲赵奢因屡立战功，被封为马服君。

赵括曾经跟他的父亲赵奢议论过用兵打仗的事，赵奢不能驳倒他，但也不说他好。赵括的母亲觉得很奇怪，就问赵奢其中的原因，赵奢很担忧地说："打仗是生死攸关的事，儿子虽然熟读兵法，但是没有实战经验，只会纸上谈兵，将来若是率军打仗，恐怕会遭到惨败。"赵奢不幸言中。

股市如战场，像赵括一样只是熟知股市操作方式和技巧但缺少实际操作经验的投资者是难以在股市中长久生存的，所以，赵括型的投资者也不适合参与股市。

缠师认为以上这 10 种类型的投资者，是不适合参与股市投资交易的；而笔者也认为，有以上这 10 种心理特征的投资者是难以在股市中生存的。

中篇

股市投资交易中的心理练习

交易赢家的心理模式

交易失利者的自我心理较量

交易心理认知与交易决策的相互影响

交易心态主导下的投资行为

管理交易情绪，提高情绪管理能力

第 3 章
交易赢家的心理模式

投资人并不需要做对很多事情，重要的是能不犯重大的过错。

——沃伦·巴菲特

交易心理学专家范 K. 撒普（Van K. Tharp）博士将"投资者成功要素"归纳为 3 个，即心理要素（个人心理）、自我管理要素（资金管理）、决策要素（交易方法），并且这三者缺一不可。从另一个角度来看，无论投资者的经验多么丰富，技术多么娴熟，如果其不能拥有足够强大的交易心理，那么就不能够成为真正意义上的交易赢家。

本章通过交易心态、交易思维、交易认知、交易情绪以及交易妄想这 5 个方面讲解交易赢家的心理模式。

3.1 开放的心态与交易思维

在社会大环境中我们能够学到解决问题的策略，以及处理事情的方法，以满足和社会互动有关的需要、愿望和欲望。

社会大环境，教会了我们很多以社会为基础的生存技巧，使得我们互相依赖，满足了我们独立的需要、愿望和欲望。

所以，市场行为有点像社会性的行动，很多人在市场中要学习解决问题的策略，以及处理事情的方法。但是，并不是每一个人都能够在市场中满足独立的需要、愿望和欲望。

股市中更是如此，我们不但不能依靠市场，而且想要影响市场都是一件难以完成的事情。在这件难以完成的事情中，股市环境突然变得陌生，投资者对所持有的股票突然变得贪婪和恐惧，这使得有些投资者变得急躁、忧郁，有的投资者变得思维呆滞、心灵阻塞。

在这个难以预测的股市中，投资者更加需要用开放的心态接纳眼前的一切事物。赢家正是因为持有这种开放的心态，才能够没有束缚、没有恐惧、没有贪婪地进行交易，才能够超脱自然地以更加开放的交易思维进行操作。

但是，如果投资者的心灵阻塞，就没办法用开放的心态和开放的交易思维去正视和检阅市场。

3.1.1 买入时开放的心态与交易思维

每一手牌最终的结果都是不确定的，并且是无法预测的。拥有开放心态的交易赢家认为，他们不需要提前知道下一步的变化，也不需要知道每一手牌的结果，更不需要知道每一次交易后的结果。也就是说，交易赢家不会受不切实际的期望影响，更不会因为交易失败而蒙蔽心灵。

图 3-1 所示为某股票的日 K 线图，当错过第一个买点之后，大多数投资者都会产生后悔和惋惜的心理，后悔自己没有抓住这个机会，惋惜自己失去了这个好时机。后悔和惋惜的心理会影响接下来的交易或者操作，导致投资者不能够冷静对待此股票，再次失去买入的时机。

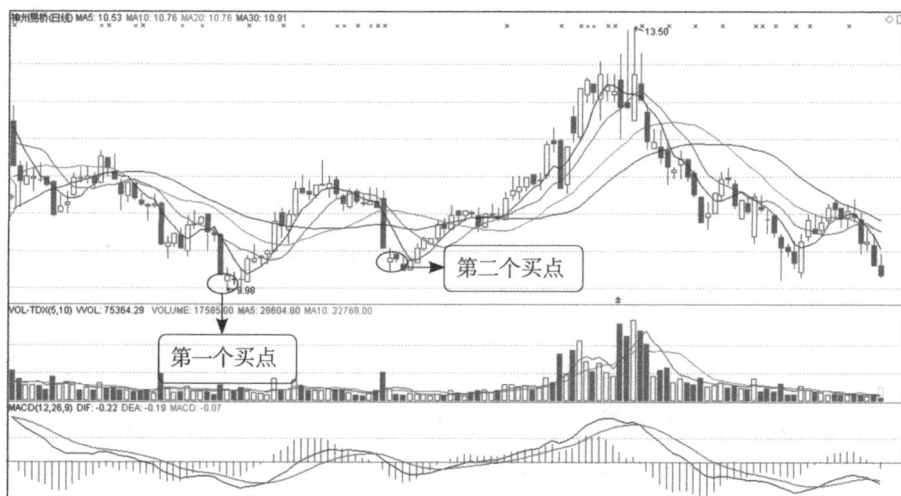

图 3-1 两个买点

但是，交易赢家不会这么认为，当错过图 3-1 中的第一个买点之后，交易赢家不会因失去第一个买点而后悔和惋惜，他们认为接下来还会有买点，只要把握当下，及时抓住下一个买点即可。

正是因为拥有开放的心态和开放的交易思维，交易赢家才不会鲁莽行事，不会因后悔和惋惜而错失下一次机会。在股市的后续走势中出现第二个买点的时候，他们能够及时地抓住这个买点，迅速加仓。

正是交易赢家在股市交易中的这种开放的心态，帮助了他们盈利。若第二个买点也没把握住，则可以把握住第三个买点，如图 3-2 所示。

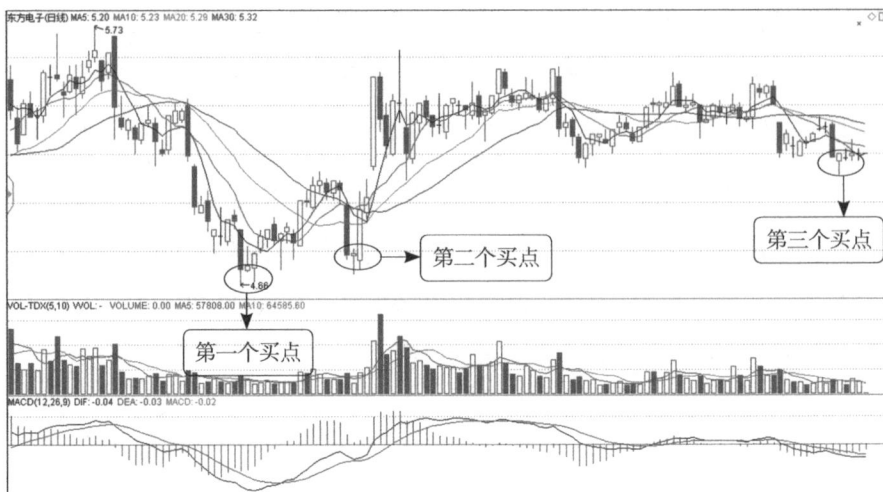

图 3-2 三个买点

当错过第一个买点，再错过第二个买点之后，大多数投资者同样会产生后悔和惋惜的心理。但是，交易赢家不会受此影响。当错过图 3-2 中的第一个买点和第二个买点之后，交易赢家会保持开放的心态和开放的交易思维，继续冷静地观察和分析此股票，在股票上涨、下跌，又上涨、又下跌的情况下，寻找第三个合适的买点。即使第三个买点没有第一个买点和第二个买点完美，但是，交易赢家通过对股票的分析，认为此股票的价格还能够上涨，便可以抓住图 3-2 中的第三个买点的机会，进行一次短线操作，避免亏损。

3.1.2 卖出时开放的心态与交易思维

交易赢家知道开放的心态与开放的交易思维可以对抗由一连串的交易获利之后的欣喜若狂或过度自信形成的不利影响，还可以对抗由一连串的交易失败之后的烦躁或愤怒形成的不利影响。

与买入时的心态和交易思维一样，卖出股票时，交易赢家的心态和交易思维也与大部分投资者是不一样的。

如图 3-3 所示，此股票的日 K 线图中，当错过第一个卖点之后，大多数投资者都会产生后悔和惋惜的心理，后悔自己没有抓住这个机会，惋惜自己失去了大好时机。后悔和惋惜的心理会影响接下来的交易或者操作，导致投资者不能够冷静地对待此股票，再次失去卖出的时机。

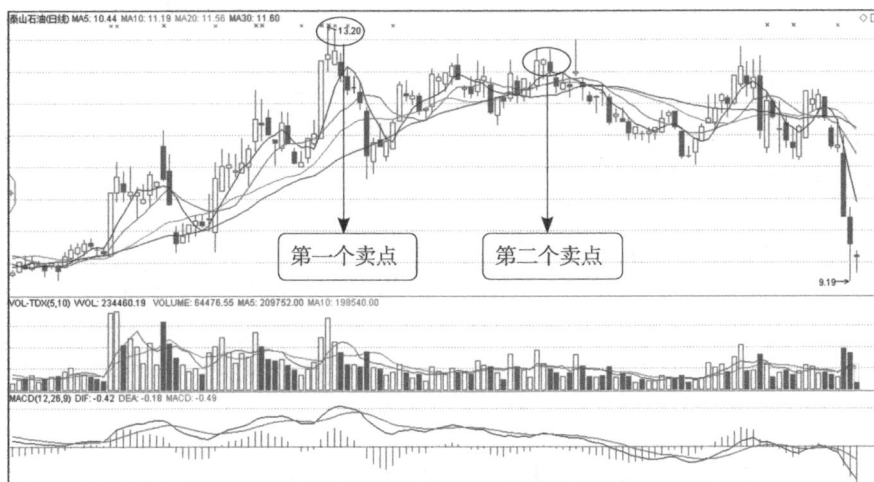

图 3-3　两个卖点

但是，交易赢家不会这么认为。当错过图 3-3 中的第一个卖点之后，交易赢家不会因失去第一个卖点而后悔和惋惜，他们认为接下来还会有卖点，只要把握当下，及时抓住下一个卖点即可。在股市的后续走势中出现了第二个卖点的时候，他们能够及时地抓住这个卖点，迅速减仓。

交易赢家在股市交易中的这种开放的心态和开放的交易思维能够帮助他们盈利。

若第二个卖点也没把握住，则可以把握住第三个卖点，如图 3-4 所示。

如图 3-4 所示，当错过第一个卖点，再错过第二个卖点之后，大多数投资者同样会产生后悔和惋惜的心理，害怕此股票的后续走势中没有比第一个卖点和第二个卖点更合适的卖点了，于是投资者便会匆匆处理掉手中的股票，甚至亏损卖出。

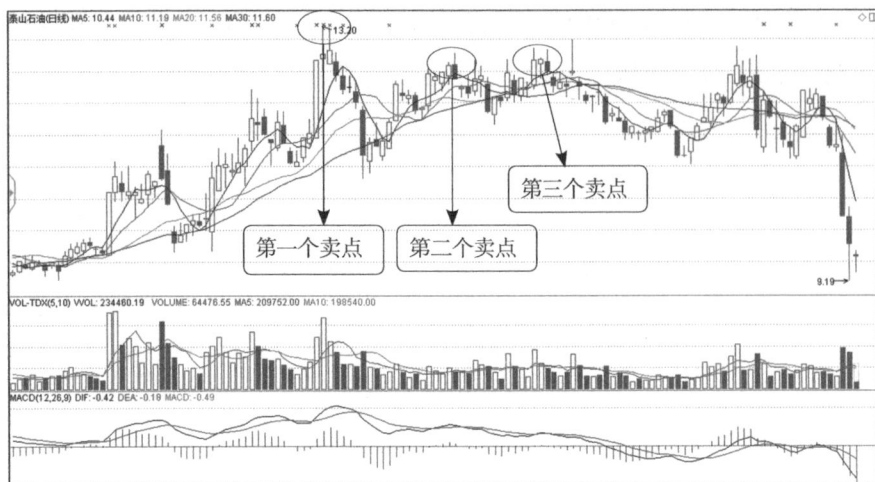

图3-4　三个卖点

　　但是，交易赢家不会这么认为，当错过图3-4中的第一个卖点和第二个卖点之后，交易赢家会保持开放的心态和开放的交易思维，继续冷静地观察和分析此股票，在股票上涨、下跌，又上涨、又下跌的情况下寻找第三个合适的卖点。即使第三个卖点没有第一个卖点和第二个卖点完美，但是，交易赢家通过对该股票的分析，认为此股票的价格还会下跌，便会果断抓住第三个卖点的机会，及时卖出。

　　心态和交易思维并非是由市场创造出来的，而是通过不断的磨炼塑造出来的。因为股市是一面镜子，可以将投资者的内心反映出来。

　　通过对股票买入与卖出的分析，可以看出，交易赢家拥有的开放的心态与交易思维是其长期获利的原因之一。

3.2 理性的交易认知

很多投资者将股市的市场研究重点放在价格变化和市场波动性上，却忽视了股票市场中投资者的行为。

股市投资交易中的投资者应当是理性的，在投资交易过程中应该根据预期的价格变化和对未来风险的估计，以最大效用原则进行投资。

但是，大量的研究和案例表明，投资者的交易行为不仅受到外界环境的影响，而且也受自身的情绪、性格及心理感觉等主观因素的影响，尤其是在投资者难以保持理性的交易认知，而交易赢家却具备了足够理性的交易认知的情况下。

交易赢家的确不会因为存在种种认知偏差，而表现出非理性的交易行为。

可以说，交易赢家的投资理念及投资心理已经形成了比较成熟的风格，即使各种机构利用广大中小投资者的种种认知偏差和非理性交易行为影响股价，也难以对交易赢家的利益造成严重的损害。

非理性行为都有哪些表现呢？如图 3-5 所示。

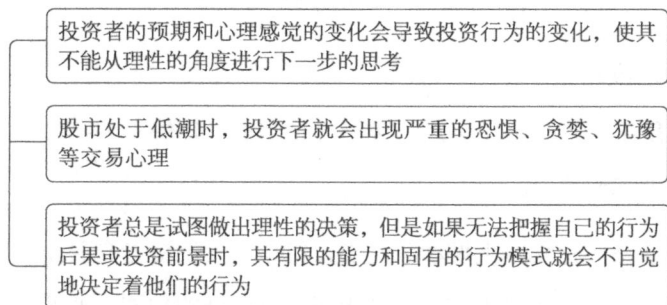

投资者的预期和心理感觉的变化会导致投资行为的变化，使其不能从理性的角度进行下一步的思考

股市处于低潮时，投资者就会出现严重的恐惧、贪婪、犹豫等交易心理

投资者总是试图做出理性的决策，但是如果无法把握自己的行为后果或投资前景时，其有限的能力和固有的行为模式就会不自觉地决定着他们的行为

图 3-5 非理性行为的表现

以上这 3 点非理性行为的表现是股市中大部分投资者的现状，而理性的交易赢家正好与大多数的投资者相反。

交易赢家不会或者很少会因为预期和心理感觉的变化而改变投资行为，更不会产生非理性的思考。即使股市处于低潮，交易赢家也不会出现严重的恐惧、贪婪、犹豫等交易心理，更不会出现无法把握自己的行为后果或投资前景的情况。即使出现了无法把握的行为后果或者投资前景，交易赢家的能力和经验也会确保他们受到最小的影响。

交易赢家的理性认知主要体现为图 3-6 中的 4 点。

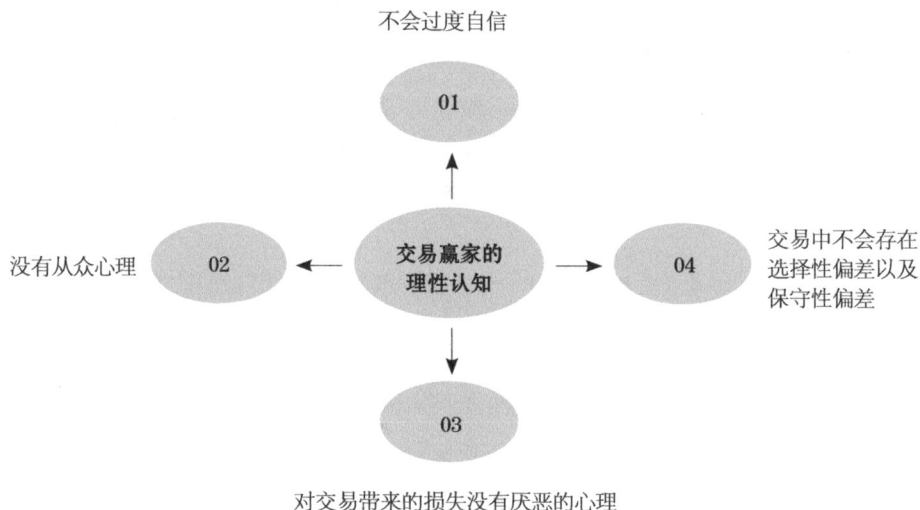

不会过度自信

01

没有从众心理

02

交易赢家的
理性认知

04

交易中不会存在
选择性偏差以及
保守性偏差

03

对交易带来的损失没有厌恶的心理

图 3-6　交易赢家的理性认知

1. 不会过度自信

行为金融学认为过度自信是人类最为稳固的认知偏差，它会使投资者的投资行为偏离理性的轨道。

虽然自信在一定程度上推动了进步，但是个人投资者有时候需要审视自己是否过于自信，很多人的失败源于对未来斩钉截铁的预测。即使是"股神"沃伦·巴菲特，也在不断学习、调整自己的投资策略，更何况是普通的个人投资者。

交易赢家在交易过程中不会出现过度自信的情况，更不会因过度自信而蒙蔽了理性的交易认知。

2. 没有从众心理

盲从的后果就是失去自信和稳定的心态，被光环效应笼罩，失去自己的判断，最后遭受损失，备受打击。

有研究表明，在信息不完全的情况下，投资者存在从众心理的认知偏差，即通过模仿其他投资者的交易行为来进行交易决策。而对于交易赢家来说，在信息不完全的情况下，下一步的交易应是非常谨慎的，同时交易赢家有自己独特的交易理念，甚至有防范风险的意识和具体方法。

理性的投资者不会轻信评论员荐股和预测股，也不会轻信一些所谓的机构的言论，理性的投资者会通过自己的判断得出最终的结论。

理性的投资者会"跟踪"高手推荐的股票，看他的操作思路。找高手的操作中的漏洞，分析高手为什么失手，通过总结分析不断提高自己的交易技能。

3. 对交易带来的损失没有厌恶心理

行为金融学中曾提出过处置效应的理论，认为投资者对收益具有确定性心理，而对损失具有厌恶心理，认为投资者在交易行为上有卖出盈利证券而持有亏损证券的倾向。

这一点，几乎不会在交易赢家的交易认知中体现出来。一般来说，交易赢家已经具备了很强的止损意识以及周全的止损方式，很少或者不会在下跌的股票中付出过多的情感。

4. 交易中不会存在选择性偏差以及保守性偏差

有研究发现，投资者在进行投资决策时存在两种偏差：一是选择性偏差，也就是投资者过分重视近期数据；二是保守性偏差，也就是投资者不能根据变化的情况及时修正自己的投资决策。交易赢家既研究中长期数据，也会根据市场变化及时修正自己的投资决策。

3.3 控制非理性交易情绪

情绪与人类本能相关，如恐惧、贪婪、着急、兴奋等。当看到买的股票涨了，就产生兴奋的情绪；当看到买的股票跌了，就产生气愤、后悔的情绪。这些情绪有的是理性的，有的是非理性的。

非理性的交易情绪有哪些？如图 3-7 所示。

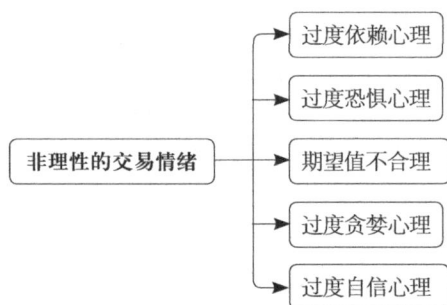

图 3-7 非理性的交易情绪

图 3-7 中的 5 种非理性的交易情绪，体现在股市中大多数投资者身上，而交易赢家是如何控制这 5 种非理性的交易情绪呢？

1.过度依赖心理

投资者对政策存有过分依赖的心理，这种依赖心理常使投资者人为地放大政策信号，在投资行为上惯于随政策而动。除此之外，很多投资者在交易过程中会过度依赖市场主力和股评家发布的信息，并将这些信息应用到自己的操作中。

针对这两种过度依赖的行为方式，交易赢家认为，应该合理、冷静地对待政策性信息，先不要急于应用这些政策性信息，而应在观察市场的动态之后再做决策。

对于市场主力和股评家发布的信息，交易赢家认为很多都不是完全正确的。这时就要客观看待这些信息，并且要保持足够的理性和质疑。

2. 过度恐惧心理

投资者遭受损失时会深感恐惧，投资者群体的信息传导效应会对投资者行为产生趋同和放大作用，使其恐惧感加剧。过度的恐惧感会导致投资者在非理性情况下做出错误的决策。

交易赢家认为，产生过度恐惧的原因有两种，一种是由于交易失败导致亏损而产生恐惧，另一种是投资者自身的心态不够好。

投资者想要控制过度恐惧的心理，就需要在股市中放平心态，若是失败，就需要调整好心态再进入股市。同时，不要将资金全部投入股市，投入的资金量占全部资金的30%~50%即可，也不要将投入股市的资金全部投入一只股票，这样风险会非常大。较好的方法是进行分散投资，持有3~5只股票是比较合适的。

3. 期望值不合理

这里要提到2002年诺贝尔经济学奖获得者普林斯顿大学的教授丹尼尔·卡内曼的研究成果。丹尼尔·卡内曼将心理学运用到现代经济学最成功的方面是"期望理论"。丹尼尔·卡内曼认为，大多数情况下，人们对所损失的东西的价值估计高出得到相同东西的价值的两倍。

丹尼尔与合作者特威尔斯基的研究表明，人在不确定条件下的决策，不是取决于结果本身而是取决于结果与设想的差距。也就是说，人们在决策时，总是会以自己的参考标准来衡量得失，以此来决定决策的取舍。例如，投资者会卖出盈利的股票，保留亏损的股票。

所以，根据丹尼尔·卡内曼的期望理论，投资者在投资股票时，要适度地把握好自己的期望值，当卖出股票能盈利时绝不手软，股价出现反复时，期望值则应降低，做到见好就收。

对盈利的期望值也不宜过高，要合理设置盈利的限度，根据股市情况和股票走势，结合自己的操作技术和心理，因时、因机、因情、因势地调整自己的期望值。

4. 过度贪婪心理

贪婪往往和恐惧相伴而生，在股市中，有两种原因会产生贪婪的心理，一种是盈利之后产生贪婪，另一种是亏损之后产生贪婪。

根据丹尼尔·卡内曼的期望理论，将盈利和亏损的上限预设为 50%，投资者不要因盈利而变得贪婪，也不要因亏损而变得理智尽失。

5. 过度自信心理

一些投资者，曾在别的领域有过辉煌的成绩，或是有着较高的地位和较高的学历，于是，便以身价、学历论英雄，以为自己在股市中也一定可以稳操胜券。还有一种投资者曾经在某只股票中盈利，便怀有自负心理，认为其他股票也不在话下。

投资者如何控制这种自负的心理呢？第一点就是要保持清醒的头脑，不将过去的投资行为放在心上；第二点就是要保持谦卑的心理，永远不要自负。

总体而言，非理性的交易情绪是投资失败的起源，理性投资是投资成功的开始。

3.4 破除交易妄想

股市中的交易妄想无非就是全部逢低买入股票、逢高卖出股票，从而获得更多的收益。我们潜意识中对市场抱有这种不正确的思想。这种不正确的思想很显然与市场的客观现实相矛盾。投资者的妄想，不论是欲望还是思想，都是一种负面的能量，这些负面的能量会扼杀有益的想法，进而影响投资者正确的投资行动。

负面的交易妄想会直接影响投资者的判断，误导投资者的决策，如图 3-8 所示。

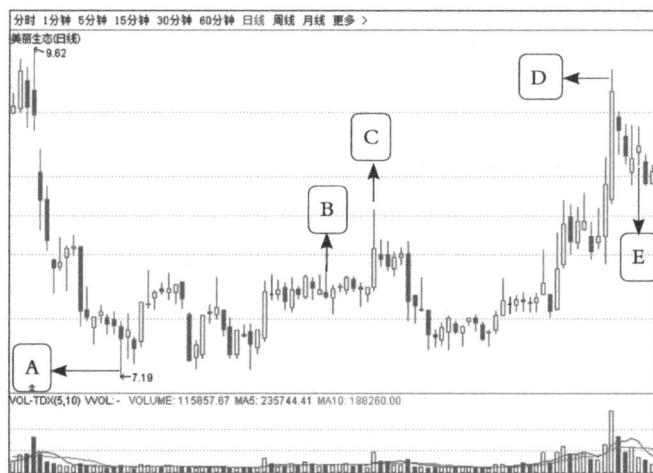

图 3-8 投资者的交易妄想

（1）如图 3-8 所示，大多数投资者在 A 点低价买入一部分股票时，股市处于较稳定状态，而当股市处于 B 点时，投资者看到股价涨了，便犹豫着是否加仓。投资者因为自身犹豫不决，直到股市走势在 C 点处，才进行加仓。

（2）随后股价一路上涨，上涨至 D 点的时候，投资者还痴心妄想地等着股价再次上涨。可股价开始一路下跌，投资者错失清仓的时机，便不得不在 E 点全部清仓。

由于负面能量过多，投资者带有负面情绪的交易次数越来越多，并陷入恶性循环。而交易赢家就会将这种负面能量转化为"新的思想系统的动力"，然后在"新的思想系统"中诞生出强大且崭新的力量，也就是会终止此刻的交易，分析投资失败的原因，寻求知识、寻找方法，解决投资过程中的种种困难，改变并终止随意的交易，进而建立交易盈利的体系，并等待真正机会的到来。

所以，交易赢家认为股票的买入与卖出，不仅是因为股价涨了或是跌了，还是因为其符合买入与卖出的条件，更是因为内心拥有足够的正面能量，所以，必须进行买入与卖出，这样才能够破除交易妄想，顺利地买入与卖出。

总而言之，对于带有负面能量的交易妄想，交易赢家的解决方法是将负面能量进行转移，转化成学习"新的思想系统的动力"，从而将负面能量转化为正面能量，客观地对待股市中的每一次交易。

★塑造交易赢家的心理模式

本章介绍了交易赢家的心理模式，那么，该如何塑造交易赢家的心理模式呢？有图 3-9 所示的 4 个步骤。

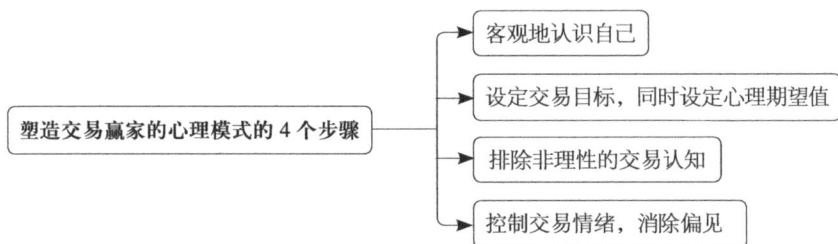

图 3-9　塑造交易赢家的心理模式

1. 客观地认识自己

股市交易中，最难认识的是自己！

认识自己，不是认识表面上的自己，而是认识自己内心深处的真实想法。这种真实想法和过去所有无用的和有用的经验、信念、环境等因素密不可分，并在股市交易中强烈影响着投资者的情感和行为。

客观认识自己的时候，要深度挖掘自己采取了错误行动的心理原因，客观地重新审视自己目前所处的环境和自身情况，如所处的生活环境、目前所持有的资金数额、自己的技术水平与心理素质等，坦诚接受自己未曾了解的那部分真实的内心，根据自己的真实想法，制定出自己的投资策略。

2. 设定交易目标，同时设定心理期望值

认清自我之后，明确自己想要达到的未来理想状态，也就是未来的目标。这个目标一定要与自己的性格、所处环境、自身心理承受能力相符且客观现实。

设定了目标，自己就要根据 3.3 节中的丹尼尔·卡内曼的期望理论，对投资交易设定一个心理期望值。对盈利期望值的设定不宜过高，合理设置盈利的限度，根据股市情况和股票走势，结合自己的操作技术和心理，因时、因机、因情、因势地调整自己的心理期望值。

也可以在交易过程中设立一个参照点，不只是交易赢家，普通的投资者也一样，同样数量的损失和盈利，所带来的感觉是相当不同的。因为在这个参照点附近，一定数量的损失所引起的价值损害（负效用），要大于同样数量的盈利所带来的价值满足（正效用）。

3. 排除非理性的交易认知

在 3.2 节中讲述过，非理性的交易认知包含了过度自信、从众心理、对交易带来的损失产生厌恶的心理、交易中存在选择性偏差以及保守性偏差。对于交易赢家来说，他们在交易之前就会排除这 4 种非理性的交易认知。即使交易

过程中出现了需要迫切解决的问题，交易赢家也不会立即动摇自己的预设目标和信念。

4. 控制交易情绪，消除偏见

在3.3节介绍了5种非理性的交易情绪及其控制方法，这里，笔者想要介绍一下什么是偏见，交易赢家是如何消除偏见的。

比如在股市的低点，投资者买入了此股票，这时投资者的心理是："股价走势要回升，股价涨幅一旦超过了5%就卖出，不能出现亏损。"所以，涨幅超过5%、希望股价上升、不想亏损的想法，就有可能使得投资者产生"股价后续涨幅会超过5%"的偏见。

对于这种偏见，交易赢家一般会从主观中走出来，以一个旁观者的角度客观地分析股票走势，也就是根据股票的走势来分析股票的上涨趋势，同时，告诉自己"此次的股价上涨或许只是一个预热"，从而冷静地进行后续的操作。

第4章
交易失利者的自我心理较量

放手让亏损持续扩大，这几乎是所有投资者可能遭受的最大亏损。

——威廉·欧奈尔

股市中最难战胜的是谁？不是机构，不是其他投资者，而是自己！

相对于交易赢家来说，交易失利者的交易方式往往是冲动的，交易心理往往是恐惧的、后悔的，而这些心理都将在投资交易股票的过程中逐一体现出来。

投资者即使意识到了自己的"失败者心理"，或者明白"失败者心理的较量"，但要将之转换为"谋求成功的心理"，或者"交易赢家的心理"，并为此改变自己的行动也绝非易事。因为投资者的行为方式和思维框架都已经根深蒂固了。

4.1 大部分投资者在亏钱

实际上在股市当中真正赚钱的人寥寥无几，其根源就是"人性的弱点"，敢于在底部买入就需要克服对市场的恐惧心理。这时，只有极少数懂得企业价值并能够看透企业价值的投资者敢重仓抄底，正因如此，很多人都说价值投资是"反人性"的。

投资者的从众、恐惧、贪婪都是人性使然。想要在股市中长期赚钱，就必须战胜人性，即需要战胜自己。人性是人的本性，而要成为一个理性的投资者，必须努力突破自我。

当前股市中，很多个人投资者自我感觉良好。笔者身边也有不少投资股票的人，他们看过几本书，看过几次访谈，或者赚过一点小钱，就自认是高手。实际上，这些只知皮毛的人都喜欢高估自己。

虽然自信在一定程度上推动了进步，但是个人投资者有时候需要审视自己是否过于盲目自信，很多人的失败源于对未来自以为是的预测。即使是"股神"沃伦·巴菲特，也在不断学习并调整自己的投资策略，更何况是普通的个人投资者。

一般来说，大部分人都是厌恶风险的，因此产生了"损失厌恶"这个专有名词。

举一个简单的例子：在路上丢100元的痛苦永远比捡到100元的快乐更长久，记忆更深刻。与之相对应，经济学中有个专有名词叫"沉没成本"，沉没成本是指无法收回的成本支出，如因失误造成的不可收回的投资。经济学家认为这个成本一旦产生，就会无法收回，这也恰恰说明聪明的投资者不应该纠结于沉没成本。

但是，事与愿违，很多投资者只会纠结过去的痛苦，反复懊恼，最终无法继续稳步前行。

人很多时候都会产生这种莫名其妙的"逆反"。如果和自己观点不同的人争论，且很想证明自己的看法是正确的，那么此时就很容易陷入无休止的争论。

没错，人容易因为争论而钻牛角尖。

投资者在进行股票投资时难免会面对不同的预测和判断，产生不同的观点。还有很多投资者经常会看一些股票评论员之间的争论，甚至会和身边的朋友或同事争论自己买股的观念。实际上，这样一来自己就很容易钻牛角尖。其实，在笔者看来，投资者要经常询问自己图 4-1 所示的两个问题。

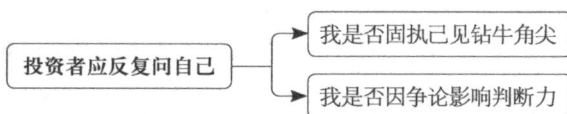

图 4-1　投资者自检题

投资没有完美的结论。

俗话说，一千个读者心中有一千个哈姆雷特。投资股票也是一样，没有完美的答案，否则人人都可以赚钱。投资者需要时刻注意自己是否被外界误导、是否钻了牛角尖。

如果说技术分析最大的敌人是自己，那么价值投资最大的敌人是谁？价值投资最大的敌人是缺乏反馈，因为缺乏所持有股票的信息反馈，投资者无法做出正确的买入和卖出决策。

大多数人无法将价值投资进行到底，无法将好股票坚持持有下去，原因很简单，即缺乏反馈。在漫长的一段时间内无法获得反馈，会使得价值投资者的压力变大，尤其是听说有人通过某种技术在短时间内实现盈利时。

当有人在同一价位一致性地看多时，股价自然会升高。但是价值投资者一般都会坚信水池里面的水不会无故多起来，这边水满，那边一定降低水位，而且如今水涨起来了，未来还是会落下去。因此，价值投资者只是利用水池过于干涸，而上游"来水"充足（利润增长）这一机会，提前洒下一瓢水。

笔者坚持价值投资，但亦赞赏技术分析，二者不是水火不容的，而是可以相互弥补对方的劣势、组合使用。仅仅使用技术的投资者在股市剧烈动荡时往往会产生恐惧心理，而价值投资者则能够稳如泰山。

不过，由于技术分析更符合人性，所以使用技术的投资者和趋势投资者永远占大多数。技术分析的本质是投资者对市场涨跌的反馈，比如在一个支撑位上，可能会有一波或大或小的反弹，因为这个阶段有人一致性买入，虽然最终也没能支撑起股价，但是投资者已经看到了这神奇的一幕，可能就会想办法让自己的成功率更高。

虽然大家都说自己是理性的，但人总是在理性和感性之间摇摆不定。个人投资者更容易受到股市的影响，这也是个人投资者在市场中很难赚到钱的原因。

4.2 冲动性交易：凭借眼前的消息就行动

人们往往都有这样一种思维倾向，就是仅凭自己眼前看到的和自己少量的经验就冲动地妄下结论。

例如，投资者听说近年来楼市要大涨，便想要通过购买楼房进行投资，于是在看见附近新楼盘开业时，立刻进行了预定或者抢购，完全不分析目前楼市的整体状态，更不分析该楼盘的地理位置以及投资价值。当购买结束洋洋得意的时候，他们却发现楼市要大涨这一消息完全是空穴来风，就连本地的报纸上都辟谣了这一消息，结果自己购买的楼房也一直没有实现升值。

实际上，同样的情况亦发生在股票交易中。反映在股票交易中，就是下面的这两种模式。

模式一：冲动性卖出

如图 4-2 所示，投资者们看着股价已经从最低点 D 点开始了上涨趋势，认为股价还会上涨，看了股评家的推荐之后，在股价上涨至 A 点时便选择买入。

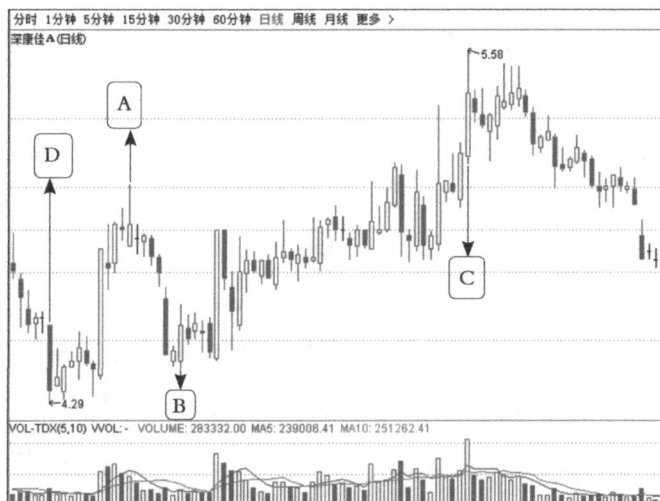

图 4-2　冲动性卖出

但随后，股市开始了下跌趋势，这时，股价下跌所带来的恐惧和急躁占据了投资者的大脑，他们在犹豫了数天之后，终于忍不住内心的冲动，在 B 点处纷纷清仓。

可殊不知，当冲动性地做出了卖出交易之后，股价反而开始一路上涨，上涨力度一直将股票价格推至最高点 C 点。

模式二：冲动性买入

如图 4-3 所示，当股市处于 A 点时，投资者们看着股价已经从最高点 A 点开始了下跌趋势，便等待着下跌到低点时进行买入。

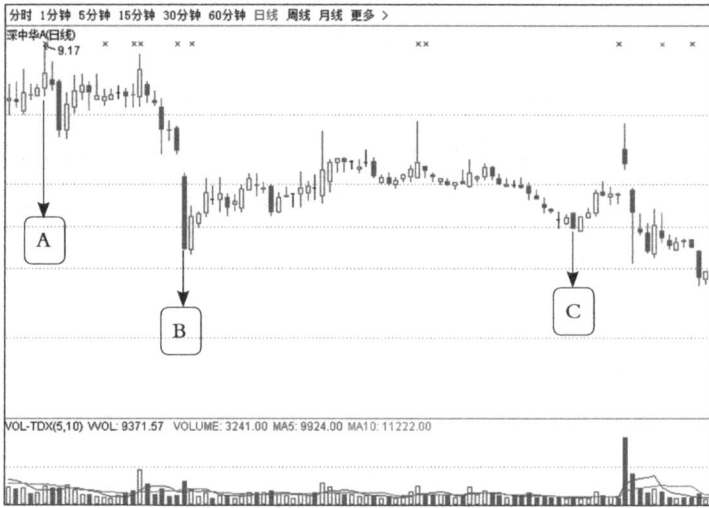

图 4-3　冲动性买入

　　根据股价所反映出来的下跌趋势，再加上看到身边的朋友在 B 点买入之后，投资者们便也买入了这只毫不熟悉的股票，等待着股价大涨。

　　可该股票的价格虽出现了小波段的上涨，但一直没有大幅度上涨之势，于是，当该股票的价格处于 C 点时，投资者们便冲动性地全部清仓。

　　总之就像这样，股价如果在持续的上涨或者下跌期间，突然出现了一些小小的波动，投资者们便会忍不住做出一些买入或者卖出的举动，并且完全不加以分析。投资者们存在的这些问题或者现状，基本都是"听信传言后的冲动交易"，这种交易没有明确的事实根据，全凭冲动，其结果不是亏损就是被套。

忍耐的特质

　　股票投资是一条艰难的道路，股市风云变化，只有保持一颗初心，才能够在跌宕起伏的股市中获得成功。要知道，财富的积累是一个过程，心急吃不了热豆腐，只要有耐心，总是会赚到钱的。

　　美国的大投资家杰西·利弗莫尔在 1929 年的"股市大崩溃"中做空赚了一亿美元。他成为了华尔街最大的"神话"，他的投资理念和投资策略受到全世界投资家的追捧和模仿。

杰西·利弗莫尔认为有 3 种特质是成功投资者不可或缺的，如图 4-4 所示。

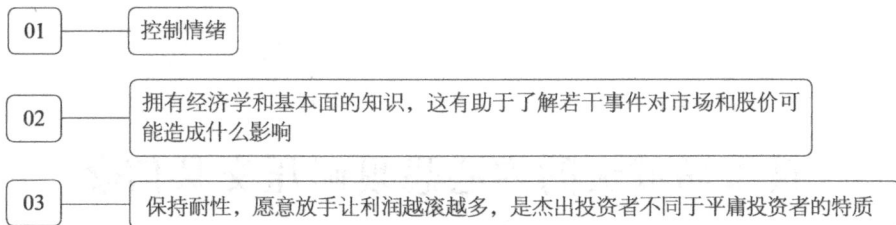

01	控制情绪
02	拥有经济学和基本面的知识，这有助于了解若干事件对市场和股价可能造成什么影响
03	保持耐性，愿意放手让利润越滚越多，是杰出投资者不同于平庸投资者的特质

图 4-4　成功投资者的特质

杰西·利弗莫尔口中的"保持耐性"，就是指投资者需要耐心等待市场真正完美的趋势，不要急于预测股价、参与市场。

《股票大作手回忆录》中有一段经典的话语："当我看见一个危险信号的时候，我不跟它争执。我躲开！几天以后，如果一切看起来还不错，我就再回来。就好比，如果我正沿着铁轨往前走，看见一辆火车以每小时 60 千米的速度向我冲来，我会跳出铁轨让火车开过去，而不会愚蠢地站在那里不动。它开过去之后，只要我愿意，我总能再回到铁轨上来。"

这段话非常形象地表现了一种投资的智慧，即当市场出现了波动，不要冲动性地与其对峙，而是要进行适当的调整。

适当的调整不是凭借主观意愿进行调整，而是要时刻观察股票趋势的变化，根据股票趋势进行调整。任何一只股票的价格都不会永远太高，也不会永远太低，而让投资者找不到卖出与买进的机会。

投资者在进行第一笔交易后，除非第一笔出现利润，否则别做第二笔，这期间是等待和观察的好时机。真正的趋势不会在它开始的那天就结束，形成一次真正的趋势是需要时间的，这段时间内也是投资者发挥解盘能力、判定开始行动的正确时机。

4.3　被市场放大的内心恐惧碾压交易信念

股票市场变幻莫测，大盈大亏，笔者相信，其对投资者人性的考验、性格的陶冶，没有哪个行业能够比得上。股市中，投资者亏损的原因虽然有很多，但事实证明，80% 的亏损是由投资者的性格和心理因素造成的。没有足够强大的心理，则难以产生理想的结果。

可以说，投资者面对的敌人除了市场主力、上市公司外，还有一个就是自己的内心。在投资的行为过程中，恐惧、贪婪的心理时常出现，而投资市场本身就是一个零和博弈的竞技场，没有绝对的利弊，因此投资者需要在乐观中保持一份谨慎，在悲观中酝酿转机，没有多头就没有空头，没有跌势就没有涨势，没有动荡就没有利润。

投资者内心的恐惧才是自己在这个风险市场中生存和发展的敌人。交易中，投资者的恐惧往往被投资者当成放大镜看待股市，在放大股市的同时，也放大了内心的恐惧。

但是，市场就是市场，市场没有感觉，也没有感情，它自始至终并未伤害过任何一个投资者，而大部分被伤害过的投资者，其实是被自己的情绪打败了，被自己放大了的恐惧伤害了。

4.3.1　失败者被"获胜率"和"失败率"恐吓

投资者在投资交易的过程中，善于用过去几十年的数据来验证、分析交易方法的优劣，这种方法被称为"回测"。投资者通过回测可以计算出损益总计、最大跌幅、最多连续涨停次数（连续跌停次数）等各项评价指标。

个人投资者最为关注的指标是"获胜率"和"失败率"，即在全部交易中获胜次数所占的比例，在全部交易中失败次数所占的比例，如图4-5所示。

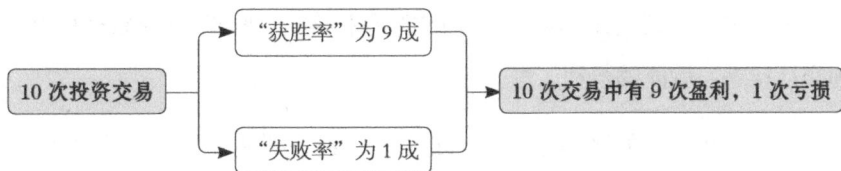

图4-5　"获胜率"和"失败率"

但图4-5中的这个"9成"和"1成"只代表"次数"，并不代表"获得的实际利润"，就比如，在10次的投资交易过程中，9次盈利中各盈利1万元，1次亏损中亏损10万元，总体来说，这10次投资是失利的。

有些投资者在盈利了9次之后，通常会炫耀获胜率为9成的这种高获胜率交易方法。但是，也有一些投资者会因为最后一次的亏损而变得恐惧，变得不认可自己的交易方法，甚至会因为这一次的交易失败而碾压了自己的交易信念。

为什么股市中的失利者会如此关注自己的"失败率"？这就要从股市投资交易中的"亏损和盈利的比率"说起。

亏损和盈利的比率，即亏损部分和盈利部分各自所占的百分比。很多投资者会将投资操作的总体损失和总体盈利进行数字方面的比较。他们通过比较来分析自己的失败率，一旦失败率过高，就会在内心形成交易恐惧，从而影响自己的交易信念。

"盈利时，利润是1万元；亏损时，损失是1万元"，这种交易方法的亏损和盈利的比率就是1∶1。那么，"获胜率"是多少的时候，投资者才能盈利呢？

与2次亏损交易相抵，只要有1次盈利交易，那么亏损和盈利的比率便为0。换言之，此交易方法的"获胜率"只要超过33%就能获得利润，这样的比率，还不足以让投资者感到恐惧。

1次亏损交易与1次盈利交易对抵，那么实际损益就是0。也就是说，按照损益比率为 1∶1 的规则进行交易时，如果"获胜率"超过 5 成，那么就能获得利润，而这样的比率，绝对会让投资者产生交易恐惧。

对于亏损和盈利的比率为 2∶1 的情况来说，只要长期维持这种 33 胜 67 败的交易状态，就能够盈利。

对于亏损和盈利的比率为 1∶1 的情况来说，即使是 5 成获胜率，只要收益大于亏损就能盈利，而且在反复的交易中利润便能累积下来，即使"获胜率"和"失败率"各占 50%，也有一半的盈利机会，但其前提是投资者足够自信。

但是，这种 1∶1 的比率，对于有些投资者来说可能会非常困难，因为这种交易恐惧一旦出现，就会扰乱投资者的内心，以及投资者的交易方法和交易信念。

4.3.2 消极信念被消极恐惧束缚

4.3.1 小节中说到"亏损和盈利的比率"问题，从一方面来看，为提高交易质量，投资者会进行必要的知识和经验的积累；从另一方面来看，对于一些投资者而言，知识和经验有时候会起反作用，也会为其带来损失。

亏损和盈利的比率为 1∶1 时，意味着"失败率"为 50%。但是，在日后的投资交易过程中，一旦打破了这个比率，将之更改为"亏损和盈利的比率为 2∶1"，即 33 胜 67 败的交易状态时，投资者就难以冷静和理智地进行判断。

图 4-6 所示为亏损和盈利的比率。亏损和盈利的比率为 1∶1，当交易次数为 2 次时，交易获利次数和亏损次数各为 1 次，即 a 点；当交易次数为 4 次时，交易获利次数和亏损次数各为 2 次，即 b 点；当交易次数为 6 次时，交易获利次数和亏损次数各为 3 次，即 c 点……当交易次数为 20 次时，交易获利次数和亏损次数各为 10 次，即 j 点。

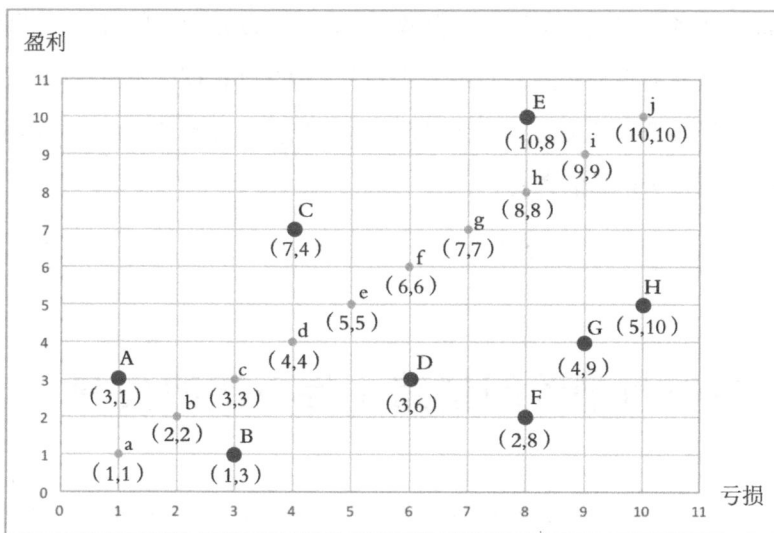

图 4-6 亏损和盈利的比率

这样的比率使得投资者会随着知识和经验的积累，增加各种固守的观念，比如，"股票走势的跌幅一旦超过 2%，就选择卖出""股票应该在保持上涨的初期买入、下跌的初期卖出"。

一旦"亏损和盈利的比率"不再是 1∶1，比如，当交易次数为 4 次时，交易获利次数为 3 次，亏损次数为 1 次，即 A 点，但也可能是交易获利次数为 1 次，亏损次数为 3 次，即 B 点；当交易次数为 11 次时，交易获利次数为 7 次，亏损次数为 4 次，即 C 点；当交易次数为 9 次时，交易获利次数为 3 次，亏损次数为 6 次，即 D 点……当交易次数为 15 次时，交易获利次数为 5 次，亏损次数为 10 次，即 H 点。

也就是说，一旦交易过程中形成的 5 成盈利率被打破，则多年累积形成的交易观念也会被打破，也就是打破了"股票走势的跌幅一旦超过 2%，就选择卖出""股票应该在上涨的初期买入、下跌的初期卖出"等观念，并用这样的观念进行投资，比如，用"股票走势的跌幅一旦超过 2%，就选择买入""在股票下跌的时候买入，在股票上涨的时候卖出"等逆向投资观念来制衡自己。这样一来，盈利和亏损的比率将会发生无规则的变化。

因此，笔者认为股票市场上投资者真正的敌人就是自己的恐惧：芝麻大的恐惧会被放大成西瓜那么大，而西瓜那么大的信念却被视而不见，如果芝麻大的恐惧碾压了西瓜大的信念，那么投资者在市场面前便是非常渺小和脆弱的，也就失去了存在于市场的意义。

4.4　后悔与痛苦的情绪主导下次的失利

实际上，股票投资就是在打心理战。股市中，无论是新入市的投资者，还是经验丰富的投资者，抑或是实力雄厚的机构以及市场主力，这些不同身份、不同角色的股市参与者们大多数都在乐此不疲地玩着投资游戏。对于交易失利者来说就更是如此，因为心理学中的一个基本原理——局势不利比局势有利更具有影响力，也就是人们常说的"不对称的趋利避害心理"。

交易失利者是如何体现这一原理的呢？交易失利者损失资金时的痛苦程度，要比盈利时的兴奋程度大两倍，正因如此，前一次失败的交易结果所带来的后悔、痛苦等负面情绪占据了投资者的大脑，导致投资者在下一次进行交易时，无法冷静地思考和判断。

4.4.1　风险感受增强了交易失利者的负面情绪

对于交易失利者来说，他们在进行交易时并不会对同数额的收益和损失一视同仁，损失一万元的消极反应比收获一万元的积极反应要强烈得多。这里面的原因很简单，对比盈利和收益，投资过程中的损失更具有"杀伤力"，投资者对损失的感受程度更高，因此，他们心中对于潜在损失的忧虑会大于对潜在盈利的兴奋，投资者的这种现象被称为"风险感受"。

股市中存在最多的风险就是不稳定性和标准偏差，"风险感受"使得投资者更加关注由损失和不确定性带来的负面情绪，如图4-7所示。

图 4-7　股市交易中的负面情绪体现

当股价处于 A 点时，很多投资者还是抱有一些贪婪的心理，想要等待股价继续上涨，但是从图 4-7 中可以看出，股价在 A 点之后，便开始出现下跌走势。

当股价处于 B 点时，投资者开始感觉到后悔和痛苦，于是此次交易失败的感受被投资者铭记于心。

此后，投资者的心中对潜在损失的忧虑便会大于对潜在盈利的兴奋，产生了"风险感受"。这种"风险感受"的产生导致投资者在股价处于继 A 点之后的第二个高点 C 点时，依然没有把握住卖出的机会，从而使得后悔与痛苦等负面情绪加重。

可以说，"风险感受"导致投资者过度看重损失的倾向，紧紧抓住股市的表面现象，而忽视了整个投资组合。于是，根据投资者自己的资金状况，其"风险感受"可划分为图 4-8 中的 3 个不同的等级。

01	——	30% 的负面情绪
02	——	60% 的负面情绪
03	——	100% 的负面情绪

图 4-8　投资者的"风险感受"

图 4-8 中的不同等级的"风险感受"，决定了投资者在下一次的交易中的负面情绪的程度。

4.4.2　后悔、痛苦等负面情绪主导下次交易

投资者的情绪会随着投资者的投资成功而高涨，同样，因为"风险感受"，投资者也会产生后悔、痛苦等负面的交易情绪。

投资者不论是在生活中，还是在股市中投资，总会遇到困难与打击。

如图 4-7 所示，投资者在 C 点产生的负面情绪，对投资者的内心打击非常大，投资者的情绪也会受到冲击。有的投资者控制不住自己的情绪，开始怨天尤人，推卸责任，甚至开始发泄，造成错误的操作行为，并产生攻击别人、伤害别人的行为。

内心一旦被负面情绪笼罩，交易失利者就看不出股市的真实走势，大脑中形成的交易计划也都是不合理的。

当然，这种负面情绪所带来的影响，不仅体现在了交易失利者身上，大多数投资者也会出现类似的情况。风险意识丧失比过度恐慌更可怕，自己明明知道处在不正确的情况下，但情感与情绪的力量还是压垮了理智。

很多投资者在股市交易过程中，明明知道出现大阴线是弱势来临，跌破关键位置是卖出的信号，但是由于亏损与被套牢的怒火已经主导了投资者的行为，错误的情绪已经控制了投资者的思维，在明明知道继续持有是不正确的行为的前提下，他们还是做出了错误的选择，这就是非常明显的不能控制自己的情绪、不能驾驭股市"情绪"的情况，最后的结果可想而知，肯定是被套牢与巨额亏损。

4.5　一次获利后的全线亏损

如果投资者想获得长期收益，那么其重点必须放在培养交易心态上，而不是蜷缩在自己铸造的心理"顺境"中。这是因为有些投资者会出现这样的情况：

在一次获利之后，出现了全线亏损。

交易失利者在一次成功交易之后全线亏损的大部分原因不是技巧不娴熟或市场知识不足，而是他们将自己封闭在了心理"顺境"中，出现了因感觉到获利愉快而变得鲁莽的倾向。

"心理顺境"是失利的源泉

一次交易获利后的全线亏损，或许说得有点绝对，但是，可以确认的是，在获利后的数次交易中，绝对是交易失败占据了主要次数。

大部分投资者在第一次交易时，思考方式比交易生涯中的任何时刻的思考方式，都更接近理性和正确，都更加清楚地认知风险。

但是，投资者如何铸造了心理"顺境"呢？其具体过程如图4-9所示。

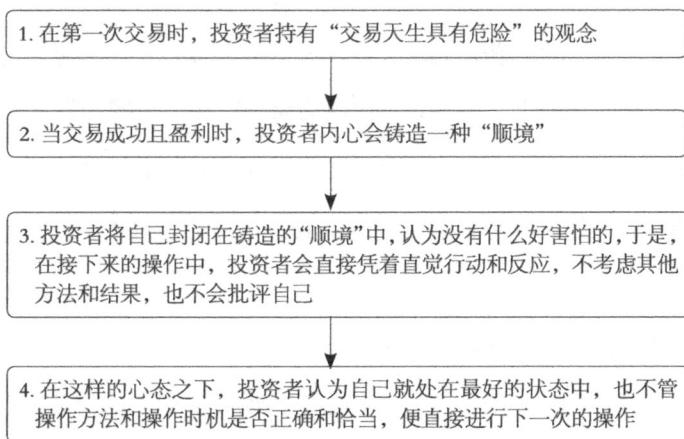

> 1. 在第一次交易时，投资者持有"交易天生具有危险"的观念

> 2. 当交易成功且盈利时，投资者内心会铸造一种"顺境"

> 3. 投资者将自己封闭在铸造的"顺境"中，认为没有什么好害怕的，于是，在接下来的操作中，投资者会直接凭着直觉行动和反应，不考虑其他方法和结果，也不会批评自己

> 4. 在这样的心态之下，投资者认为自己就处在最好的状态中，也不管操作方法和操作时机是否正确和恰当，便直接进行下一次的操作

图 4-9　投资者的心理"顺境"

投资者进入心理"顺境"之后，很容易误解交易的本质，如图4-10所示。

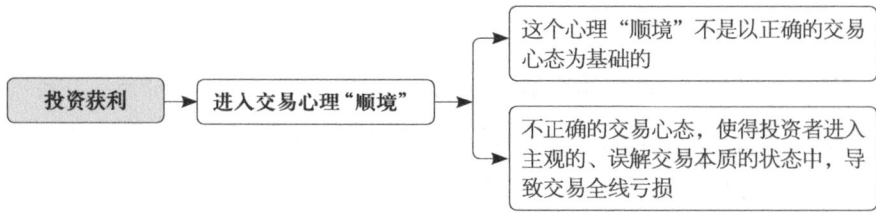

图4-10　投资者误解了交易的本质

如图4-10所示，心理"顺境"和交易本质的区别是很大的。投资者进入了心理"顺境"后，即使能够连续创造几次以上的交易获利，也并不代表投资者已经理解了交易的本质。但是，进入心理"顺境"的投资者会认为，只要创造了一次获利，就根本不需要操作技术与理性心理。

获利后的投资者充满自信，不会受到恐惧情绪的困扰，但是，投资者并没有在心理"顺境"中总结出成功的经验，而是盲目地膨胀内心的成就感，于是导致获利之后的全线亏损。

交易赢家知道，要想获得成功，态度发挥着主要作用。但是大部分投资者并不了解态度对成功的重大影响。任何事情要想成功，态度尤为重要。

股票投资也如同大部分竞争性活动，竞争者不仅要具备优异的技术，也要具备良好的心态。如果竞争者缺乏良好的心态，即使拥有优异技术，也不会经常获胜。

所以，若是铸造了不合理的心理"顺境"，则在接下来的交易过程中，投资者极易变得鲁莽行事，因自负犯下基础性错误，从而一次交易失利之后，紧接着又一次交易失利，之后投资者几乎会持续性地犯下这种错误。

★股市交易中的心理测试

在本章的结尾，请投资者进行如下的测试。

（1）你是一名交易失利者。

□同意 □不同意

（2）你有时就是忍不住觉得自己受到了市场伤害。

□同意 □不同意

（3）你认为投资者越了解市场和市场行为，交易起来越轻松。

□同意 □不同意

（4）你拥有的这套交易方法，会告诉你在什么市场状况下应该进行交易或结束交易。

□同意 □不同意

（5）即使你看到了应该反向操作的明确信号，实际做起来还是极为困难。

□同意 □不同意

（6）无论是买入还是卖出，你设置了自己的"期望值"。

□同意 □不同意

（7）你设置了自己的止损点。

□同意 □不同意

（8）你非常在意自己的资金曲线是否在一段时间持续上涨。

□同意 □不同意

（9）交易失利后，你的后悔情绪和痛苦情绪占据主导地位。

□同意 □不同意

（10）虽然你能够明确感觉到市场的异常状况（如某上市公司退市），但是这种异常的状况还是会影响你。

□同意 □不同意

（11）你经常认为市场在和自己作对。

□同意 □不同意

（12）你虽然努力忘记过去的失败，却发现自己很难忘掉因过去的失败而带来的情感伤口。

□同意 □不同意

（13）你曾经处于心理"顺境"。

□同意 □不同意

（14）你很在意自己的投资交易的结果。

□同意 □不同意

（15）在一个亏损的交易完成之后，你的想法是立即再选一只股票挽回损失。

□同意 □不同意

（16）你认为交易要成功，所需要的心理弹性远超过大部分人的能力范围。

□同意 □不同意

（17）你想要改变你的交易心态。

□同意 □不同意

请投资者记住所选的答案，在阅读完本书之后，再进行一次测试（本书第10章结尾），看看答案是否发生了变化，也就是回看自己的心理是否发生了变化。

第5章
交易心理认知与交易决策的相互影响

某只股票比以前便宜不能成为买进的理由，同样，仅仅因为它比以前贵就卖掉也不是理性的方式。

——彼得·林奇

股市中的投资者是具有理性的，但是这种理性仅仅是有限理性，也可以说是非完全理性。在非理性因素中存在着很多认知偏差、认知偏见以及认知错误，这使得投资者的心理、情绪、决策会发生一定的偏差。

在行为金融学看来，投资者的各种非理性认知与情绪偏差，让投资者频繁出现投资失误并做出错误的交易决策，使市场中出现了各种异常现象。

5.1 在不确定的市场中逐步确定交易认知

19世纪后半叶，股份制传入我国，经过了漫长的发展，到如今，股票出现在人们的日常生活中。这期间，股市中的很多投资者都在试图预测市场的走势，从技术分析到如今的大数据及人工智能，再到投资者的心理分析，不少投资者都在不确定的股市中尝试过各种交易方法和交易策略。但是，股票市场是不可预测的，充满了不确定性。

5.1.1 不确定的市场中存在投资与投机

股市参与者有两种，一种是股市投资者，另一种是股市投机者，投机者一般会认为交易认知不是那么重要。投资与投机的含义如图5-1所示。

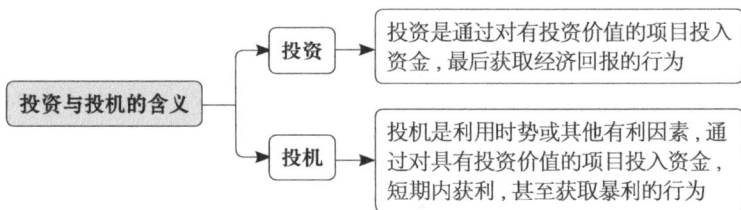

图5-1 投资与投机的含义

投资者想要在不确定的股票市场中，围绕股票的价值去实施投资策略；而投机者更看重的是技术层面带来的机会，而不是一种能够长期使用的策略。投机者认为，在不确定的股票市场中，股票价格走极端的倾向明显，市值波动幅度大，缺少内在价值。

在股票市场中存在着"理性市场"和"非理性市场"，而"理性市场"和

"非理性市场"的差异根本上源于投资者交易认知的差异。

美国投资"大师"本杰明·格雷厄姆在其《聪明的投资者》一书中提出了投资包含 3 个密不可分的重要内容，如图 5-2 所示。

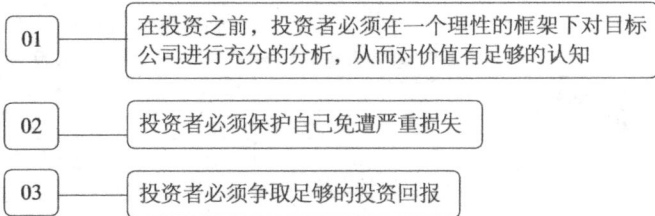

01	在投资之前，投资者必须在一个理性的框架下对目标公司进行充分的分析，从而对价值有足够的认知
02	投资者必须保护自己免遭严重损失
03	投资者必须争取足够的投资回报

图 5-2　投资的重要内容

本杰明·格雷厄姆提出的 3 个重要内容中的第一项内容，即"在投资之前，投资者必须在一个理性的框架下对目标公司进行充分的分析，从而对价值有足够的认知"，要求投资者在进行投资之前要在不确定的市场中有一个理性的分析，并要对价值有足够的认知。当然，在这种心理认知下，投资者还需要对交易心理有一定的认知。

投机的过程与参与股市的步骤相反，也与本杰明·格雷厄姆提出的投资中 3 个密不可分的重要内容正好相反，其过程如图 5-3 所示。

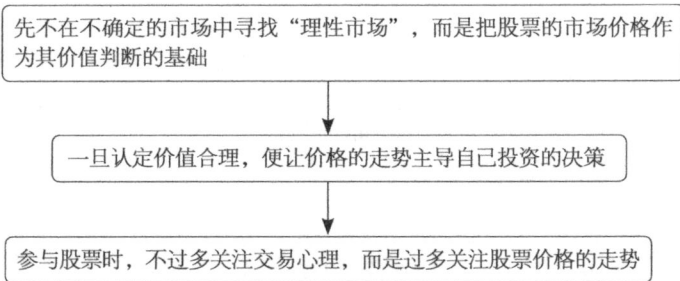

| 先不在不确定的市场中寻找"理性市场"，而是把股票的市场价格作为其价值判断的基础 |
| 一旦认定价值合理，便让价格的走势主导自己投资的决策 |
| 参与股票时，不过多关注交易心理，而是过多关注股票价格的走势 |

图 5-3　投机的过程

如图 5-3 所示，投机者在不确定的市场中进行投资之前，避开了理性分析的过程，从而也就避开了对交易心理进行认知的必要过程。

5.1.2　"理性市场"中的交易认知

既然不确定的市场中存在"理性市场"，那么其中自然也就存在"非理性市场"，"理性市场"与"非理性市场"具有的含义如图 5-4 所示。

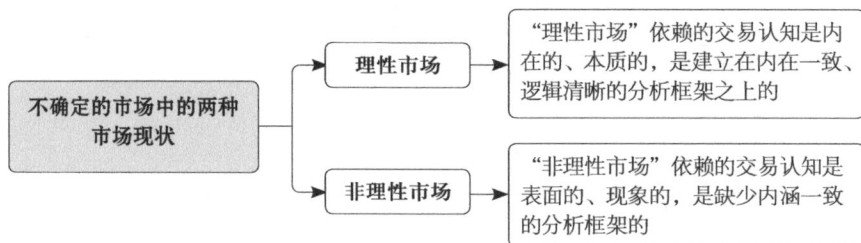

图 5-4　"理性市场"与"非理性市场"

也就是说，"理性市场"的交易认知更加富有理性和逻辑，而"非理性市场"的交易认知则相对缺少理性和逻辑。

当然，"理性市场"中同样存在"非理性投资者"，因为不确定的市场汇聚了众多投资者、投机者和套利者等，也容纳了各种交易理念、交易策略和交易手段。

在不确定的市场中，拥有"理性市场"中的交易认知，会有助于投资者制定更合适的交易策略。理性的交易认知包括图 5-5 所示的 4 项。

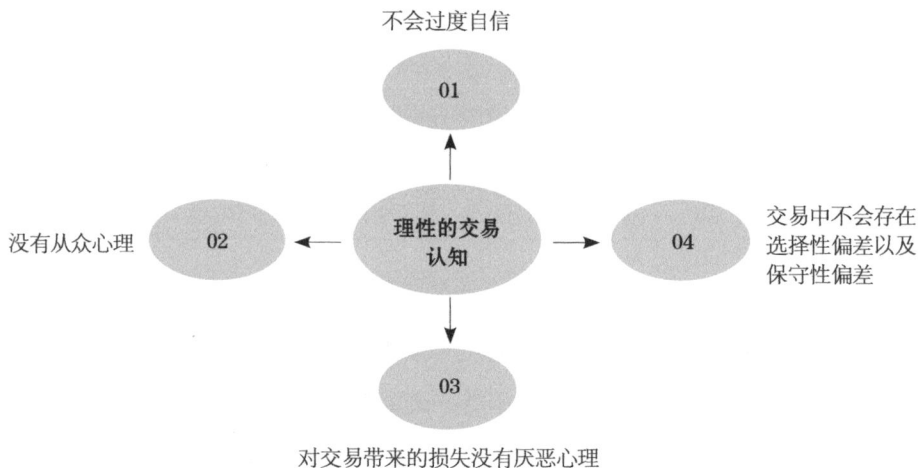

图 5-5　理性的交易认知

市场赢家曾总结过成功的模式，即"成功的投资＝严格的心态控制＋正确的资金管理＋过硬的技术水平"。在这个等式中，放在首位的是心态控制，而心态控制依赖于纪律性，纪律性则来源于我们的交易认知。

可以说，交易认知往往能在交易学习中不断得到深化，这就需要投资者在交易过程中不断地提高认知能力，让交易认知成为投资者交易中的一块拼图。

5.2 认知偏见主导下的一系列交易决策

在交易赢家看来，理性的交易认知是非常重要的，是投资交易必不可少的一部分。但是，很多投资者不但缺少这种理性的交易认知，而且还存在一定的认知偏见。

社会心理学家认为，认知偏见可以分为两种：热偏见和冷偏见，如图 5-6 所示。

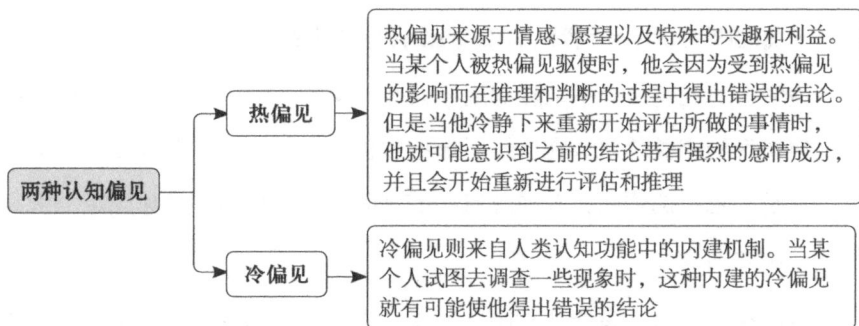

```
                              ┌──────────────────────────────────┐
                              │ 热偏见来源于情感、愿望以及特殊的兴趣和利益。│
                    ┌─────────┐│ 当某个人被热偏见驱使时，他会因为受到热偏见│
                    │  热偏见  │┤ 的影响而在推理和判断的过程中得出错误的结论。│
                    └─────────┘│ 但是当他冷静下来重新开始评估所做的事情时，│
   ┌──────────────┐            │ 他就可能意识到之前的结论带有强烈的感情成分，│
   │  两种认知偏见  │           │ 并且会开始重新进行评估和推理              │
   └──────────────┘            └──────────────────────────────────┘
                    ┌─────────┐┌──────────────────────────────────┐
                    │  冷偏见  │┤ 冷偏见则来自人类认知功能中的内建机制。当某│
                    └─────────┘│ 个人试图去调查一些现象时，这种内建的冷偏见│
                               │ 就有可能使他得出错误的结论              │
                               └──────────────────────────────────┘
```

图 5-6　两种认知偏见

无论是热偏见还是冷偏见，可以说，任何人都会存在认知偏见，只是或多或少而已。这是因为人类的推理容易受到自身因素和外在环境因素的干扰，且认知过程和认知结构中存在着先天性的缺陷，所以，认知偏见会对认知结果造成消极影响，从而使得自然推理过程不可避免地被打上"错觉""非理性"等标签。

对于股市中的有些投资者来说更是如此，这些投资者在判断问题的时候会犯习惯性的错误，并会受到认知偏见的干扰而做出错误的决策。

在股市交易中，图5-7所示的3点是认知偏见形成的原因。

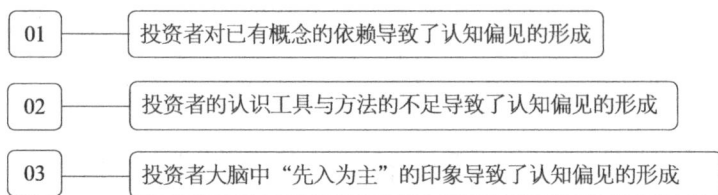

01	投资者对已有概念的依赖导致了认知偏见的形成
02	投资者的认识工具与方法的不足导致了认知偏见的形成
03	投资者大脑中"先入为主"的印象导致了认知偏见的形成

图5-7　认知偏见形成的原因

当需要进行交易时，投资者通常会首先针对交易决策做出一些假设，并且会去寻找对这个假设有利的证据，而忽视那些对这个假设不利的证据。其结果就是，根据寻找到的证据去交易，一旦形成了认知思维，那么这个认知思维会逐步形成认知习惯，从而导致认知偏见的产生，并让认知偏见主导一系列的交易决策，即认知偏见的形成也是认知偏见主导交易决策的过程。

1. 认知偏见利用投资者已有概念影响交易决策

当投资者对已有概念的依赖导致了认知偏见的形成时，投资者会在交易过程中反复接触到相关信息。在这一无形的过程中，投资者不断地在脑海中形成对这些信息和意见的印象，并通过自己的判断把这些信息和意见固定下来，从而形成了固定的概念。

这样的概念在投资者的脑海中会产生一定的合理性，同时，出现的新的信息和意见会与大脑中已有的概念相融合。当新信息与已有信息相矛盾时，大多数投资者会用已有概念的合理性来审视这些矛盾。一旦这些矛盾被合理性说服，则这种对已有概念的合理性的固执和依恋，会导致投资者更加沉浸在已有的概念中，而不愿意认同和接受新的概念体系，因此就产生了认知偏见，长期以来，所形成的认知偏见会主导投资者的交易决策，如图5-8所示。

图 5-8　认知偏见对交易的影响

如图 5-8 所示，当股价处于 A 点的时候，投资者听信身边其他投资者的信息，即股票能量充足，必定会大涨，于是选择继续持有。

果然，在 B 点的时候股价上涨，于是投资者便相信了股票能量充足这一信息，产生了从众的心理，这样的认知左右着投资者的后续交易决策。

而当股价从 C 点上涨至 D 点的时候，投资者的脑海中便形成了此股票后续能量充足的概念，于是，当此股票的价格上涨至 D 点后，投资者依然不肯卖出。这是因为"股价可能会下跌"的信息已经不能更改投资者脑海中此股票后续能量充足的概念了。实际上，股价涨至 D 点之后，便开始下跌。

2. 认知偏见利用投资者认识工具与方法的不足，影响交易决策

总体而言，投资者对投资理论和投资方法的学习不是一蹴而就的，知识总是要不断丰富和充实的。但在现实情况中，投资者认为，只要从过去每一次失败的投资交易中得出经验，就可以弥补不正确的学习方法。于是，他们便减少了学习的时间，增加了实际操作的时间。但是，每一次的交易决策又是通过模仿上一次的交易决策进行的，长此以往，这种观念形成了认知偏见，并主导投资者日后一次又一次失败的交易，如图 5-9 所示。

图 5-9　认知偏见对交易产生影响

一个投资新手刚步入股市，学习到了在股市低点买入、高点卖出的知识后，便想要实际操作一次，看着股价从 A 点下跌到 B 点的时候，把握住了低点买入的机会。

这种学习了部分知识便投入实践的方式是非常致命的，该投资者既不知道市场主力的交易策略和过程，也不知道股市潜在的风险。

于是，在股价上涨至 C 点的时候，该投资者没有卖出。

可股价上涨至 C 点之后，并没有继续上涨，而是开始了漫长的下跌。这时在该投资者的知识积累中，没有被套牢和止损等概念，于是他一直持有股票，直到内心实在恐惧的时候，在股价跌至 D 点时忍痛卖出。

3. 认知偏见利用投资者"先入为主"的印象，影响交易决策

人们在认识活动中总是希望能够将经验与当下的、外部的知识相结合，以达到成功交易的目的。但是，投资者在对当下的知识做出判断时，经常会在判断中掺杂"先入式"偏见。尤其是当已有信息有利于某些事物时，投资者就会做出有利于某事物的判断，于是在这样的情况下，日后的每一次交易都带有了认知偏见。这种认知偏见的积累如图 5-10 所示。

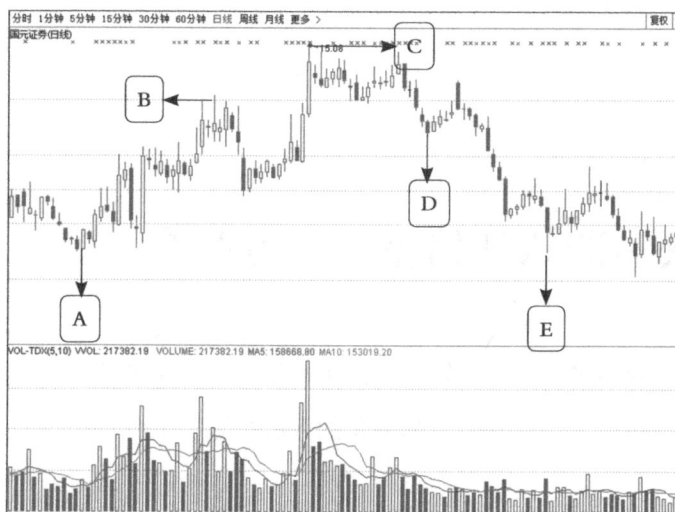

图 5-10　认知偏见的积累

股价在 A 点的时候，投资者认为股价能够上涨，当股价从 A 点上涨至 B 点的时候，"股价会上涨"的信息传入了投资者的大脑中。

股价于 B 点之后，出现了一次幅度不大的调整，于是当股价从 B 点上涨至 C 点的时候，再次印证了投资者大脑中"股价会上涨"的信息。

而当股价从 C 点下跌至 D 点的时候，投资者认为股市只是做了一次调整，认为股价还能够再次上涨，大脑中的"股价还会上涨"的信息影响着投资者的交易决策。

而当股价从 D 点再次下跌至 E 点的时候，投资者大脑中的"股价会上涨"的认知偏见再次主导了投资者下一次的交易决策。

投资者形成认知偏见的过程和影响交易决策的过程存在着多种情况，但综合来说，投资者的交易决策容易受到自身因素和外在环境因素的干扰，且认知过程和认知结构中存在着先天性的缺陷，所以，认知偏见会对认知结果产生消极影响，这使得在交易决策的过程中，结果被主观地打上"错觉""非理性"等标签，影响投资者冷静、客观地进行交易决策。

5.3　交易的认知偏差和行为偏差

5.2节中介绍了交易的认知偏见，在本节中，笔者将要介绍交易的认知偏差以及行为偏差。认知偏差和认知偏见的区别如图5-11所示。

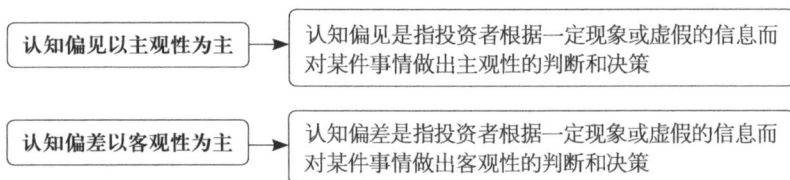

| 认知偏见以主观性为主 | → | 认知偏见是指投资者根据一定现象或虚假的信息而对某件事情做出主观性的判断和决策 |
| 认知偏差以客观性为主 | → | 认知偏差是指投资者根据一定现象或虚假的信息而对某件事情做出客观性的判断和决策 |

图 5-11　认知偏差和认知偏见的区别

"主观性与客观性"之间的区别，导致了认知偏见与认知偏差的不同，认知偏差存在的本质原因是投资者行为与心理的不匹配。

在股市投资交易过程中，投资者的交易认知偏差和行为偏差主要体现在图5-12中的几个方面。

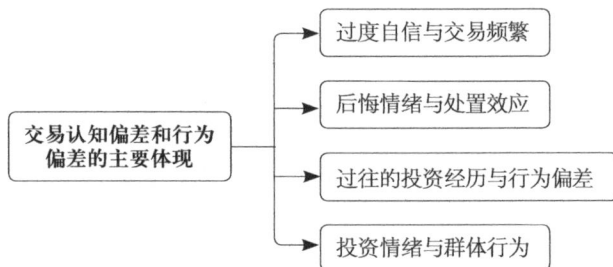

交易认知偏差和行为偏差的主要体现	→	过度自信与交易频繁
	→	后悔情绪与处置效应
	→	过往的投资经历与行为偏差
	→	投资情绪与群体行为

图 5-12　认知偏差和行为偏差的主要体现

5.3.1 过度自信与交易频繁

经过大量的研究，心理学家发现，过度自信会导致投资者高估自己的判断能力、低估风险和夸大自己控制事情的能力。若是在投资交易之前投资者已经充分地收集、分析信息，确定了交易方式，则投资者就会认为自己能够很容易并很顺利地进行交易。

投资者过分自信会导致其高估信息的准确性和自己的交易策略，导致出现频繁交易、风险交易的情况。

过度自信会导致投资者非常确信自己的观点，从而频繁交易，而他们的投资组合周转率（交易频率的衡量指标，一年内投资组合中股票变化的百分比）也会更高。

频繁交易会使得投资者的交易成本变高，投资组合周转率高会导致投资者的交易手续费用增加，交易手续费用的增加会进一步导致投资者的净回报率下降。

而频繁交易还会造成买错或者卖错股票的情况。正是因为投资者的交易成本过高，交易净回报率降低，投资者的心理易产生不稳定的、负面的交易情绪，这样的交易情绪会让投资者将机会放在更多种类或者更多数量的股票上，从而出现更多买错或者卖错股票的情况。

理性投资者会在最大化收益的同时将风险最小化，过度自信的投资者则很容易错误判断他们承担风险的能力，具体体现在图 5-13 中的 3 个方面。

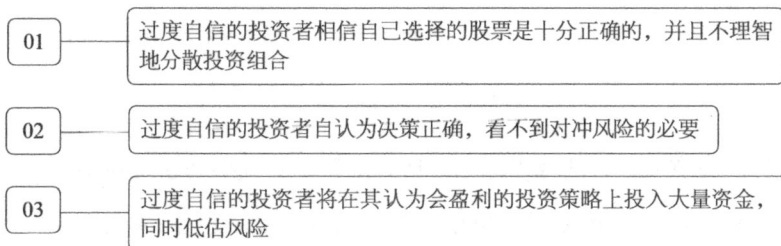

01	过度自信的投资者相信自己选择的股票是十分正确的，并且不理智地分散投资组合
02	过度自信的投资者自认为决策正确，看不到对冲风险的必要
03	过度自信的投资者将在其认为会盈利的投资策略上投入大量资金，同时低估风险

图 5-13 过度自信的投资者

5.3.2 后悔情绪与处置效应

前文介绍了股市投资过程中投资者的后悔情绪，这种后悔情绪的产生有两种情况：第一种情况是当投资者看到之前的决策被证明是错误的时候，会产生后悔和遗憾的情绪；第二种情况是投资者因之前没有采取投资交易而产生的后悔情绪。

那么，后悔情绪与处置效应有什么关系呢？先来了解处置效应的概念。

处置效应是指投资者在处置股票时，倾向卖出盈利的股票、继续持有亏损的股票，也就是所谓的"出赢保亏"效应。这意味着当投资者处于盈利状态时是风险回避者，而处于亏损状态时是风险偏好者。

处置效应是资本市场中一种普遍存在的非理性行为。普通投资者比专业投资者更容易受到处置效应的影响，具体的体现就是普通投资者趋于过长时间地持有正在亏损的股票，而过快地卖掉正在盈利的股票。

如果投资者存在处置效应倾向，则他们会在股价下跌时持有股票以逃避后悔的情绪，而在股价上涨时卖出股票以追求快感。

假设投资者要买一只股票，可是手中的资金已经全部投入股市，在没有充足的资金时，投资者可以选择卖掉手中的某一只股票，来获得购买新股票的资金，那么投资者该选择卖掉图 5-14 中的哪一只股票呢？

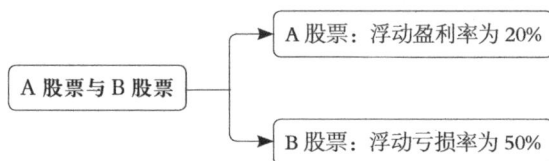

图 5-14　股票盈亏情况

理性的投资者都会选择卖掉手中持有的浮动亏损率为 50% 的 B 股票。然而，在股市中的现象为：下跌股票的成交量较小，而上涨股票的成交量较大。

根据处置效应理论，因为害怕亏损后产生后悔情绪，有些投资者倾向于在股价上涨的时候卖掉它；同样，因为害怕亏损后产生后悔情绪，如果股价下跌或者维持不变，有些投资者会倾向于继续持有，等待股价上涨。

5.3.3　过往的投资经历与行为偏差

投资者很容易受到过去的投资经历以及投资结果的影响，从而对下一次的投资抱有不理智的心理，对股市中的风险视而不见，也就会形成股市中经常出现的 3 个效应，如图 5-15 所示。

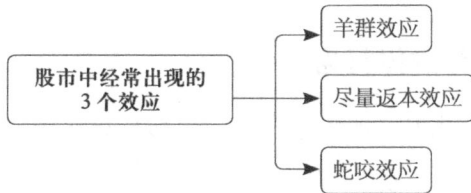

图 5-15　股市中经常出现的 3 个效应

1. 羊群效应

"羊群效应"也是"从众效应"，由于股市中投资者的观念或行为受到真实的或想象的其他投资者的影响，而出现与多数投资者行为或者决策相一致的方向变化的现象。

投资者在交易过程中会受到曾经发生过的情境中的优势观念和行为方式的影响，表现为对长期性的、盈利的观念和行为方式的接受，否定自己当下的投资方式或者交易决策。

2. 尽量返本效应

在投资失利之后，很多投资者通常会抓住机会弥补损失，采取双倍资金买入或者不买入的策略。尽管双倍资金买入股票后盈利的概率通常低于 50%，但是投资者仍然愿意冒风险。

3. 蛇咬效应

股市中存在的"蛇咬效应"是指投资者在经历投资失利之后，内心认为自己受到了伤害，不愿意再次面对风险，更加不愿再次步入股市。

为避免认知失调，投资者会在过往的投资经历中产生记忆的适应性，并且对于不喜欢的股市现状视而不见。虽然股市现状就摆在投资者的眼前，但是投资者却不愿意面对，因为投资者总是相信他们的投资决策是正确的。

在相反的股市现状面前，投资者大脑的防护机制会自动过滤掉负面的消息，过多地关注曾经发生过的正面的交易决策。这样一来，投资者就很难客观地审视当下的交易策略是否具备合理性和正确性。

5.3.4 投资情绪与群体行为

从心理学的角度出发，情绪是什么？情绪是以投资者的愿望和需要为中介的一种心理活动，带有主观性。

能满足投资者某种愿望的对象会引起肯定的情绪体验，如满意、喜悦、愉快等；不能满足投资者某种愿望的对象会引起否定的情绪体验，如不满意、忧愁、恐惧等。

投资者的情绪状态可以影响其对股票走势的评价，甚至会引起其精神状态和身体机能的变化。

可见，投资者的决策是在情绪和认知分析过程的相互作用下产生的，有时投资者情绪的反应会背离投资者理智的分析和逻辑，左右投资者的决策过程。

情况越复杂，不确定性越大，情绪对决策的影响越大。情绪好的投资者认为股价上涨的概率要大一些，股价下跌的概率要小一些。

由情绪引起的投资者的反应还会受到群体效应的影响。

在不确定的股市环境中，一旦投资者的决策既受情绪的影响，又受群体的影响，则投资者常常会放弃自己的决策，转变自己的交易信念，与群体的决策保持一致，也就会出现羊群效应。

羊群效应也是有差别的。有的羊群行为是理性的，可以帮助投资者增加经济利益；而与理性的羊群行为相反的非理性羊群行为，则不能帮助投资者增加经济利益。

在羊群效应面前，投资者的不同情绪会导致投资者跟随不同的市场群体进行决策，如图 5-16 所示。

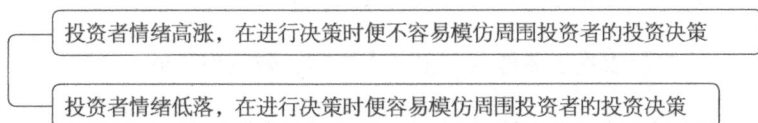

> 投资者情绪高涨，在进行决策时便不容易模仿周围投资者的投资决策
>
> 投资者情绪低落，在进行决策时便容易模仿周围投资者的投资决策

图 5-16　情绪与交易决策

投资者的情绪会对投资者的决策过程产生很大的影响，也是投资者会跟随羊群效应的条件和前提。

总体而言，投资者过度自信与交易频繁、后悔情绪与处置效应、过往的投资经历与行为偏差、投资情绪与群体行为，都说明了投资者的交易认知与行为存在一定的偏差。

5.4　非理性参考点设置

在 3.3 节中笔者介绍过丹尼尔·卡内曼的"期望理论"，丹尼尔·卡内曼最著名的研究就是把心理学研究和经济学研究结合在一起，对投资者心理和决策过程进行研究，找到投资者实际出现的问题及其深层次的原因。

期望理论阐释了投资者容易出现的两个认知错误，如图 5-17 所示。

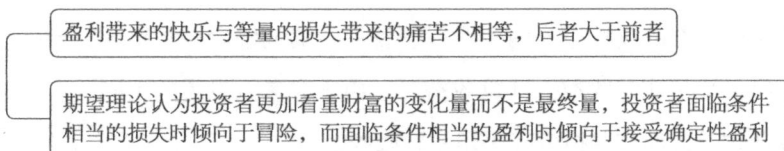

> 盈利带来的快乐与等量的损失带来的痛苦不相等，后者大于前者
>
> 期望理论认为投资者更加看重财富的变化量而不是最终量，投资者面临条件相当的损失时倾向于冒险，而面临条件相当的盈利时倾向于接受确定性盈利

图 5-17　两个认知错误

期望理论中有一个重要的条件就是"参考点"，也就是投资者运用期望理论时，总会设定一定的参考点，获利时会设定一个参考点，损失时也会设定一个参考点。这些参考点中包含了投资者的大量决策手段、投资情绪以及个人的观点，投资者还会将参考点应用到实际的投资交易过程中。

投资者的决策依赖于参考点。参考点不同，效用也不同。

不同的投资者设定不同的参考点，如"等股票盈利 50% 时就卖出""等解套就卖出股票"。一只股票买入的价格是 10 元，当它跌到 6 元的时候，亏损了 4 元，当它涨到 14 元的时候，盈利了 4 元，投资者会选择卖出。这里的参考点就是成本价。

再如，投资者在牛市中盈利了 30%，感觉非常开心，但是听说朋友盈利了 100% 时，投资者不再为自己盈利 30% 而开心，而是产生了焦虑的情绪。这时投资者的参考点不再是成本价，而是其他人的收益率。

将成本价或者其他人的收益率作为参考点，都是非理性的心理。

理性的投资者，不应该以买入的价格作为参考点，而应以预期的价格作为参考点。例如，买入了 10 元的股票，预期会涨到 20 元，则无论它跌到 6 元还是涨到 14 元，理性的投资者都不会卖出。

投资者在投资交易股票时，总是会有意无意地将其与一定的参照物做对比。而对比这一参照物时，若是没有结合股市当下的状况以及股票的实际动态，那么参考点的设置反而会将投资者引入一个错误的交易认知。

实际收益与应计收益

在投资股票的过程中，两个令投资者混淆的词语会经常出现，一个是应计收益，另一个是实际收益。计算收益时，由于参考点设置的不同，有些投资者采用应计收益，而有些投资者采用实际收益。

在商业会计实务中，这是两种主要的处理账务的方法。这两种方法也可以用来处理其他的账务，如图 5-18 所示。

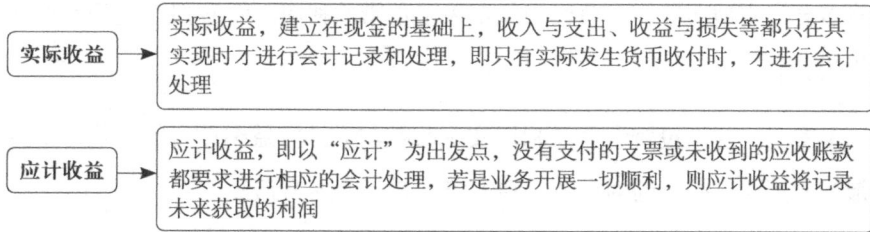

实际收益 ➤ 实际收益，建立在现金的基础上，收入与支出、收益与损失等都只在其实现时才进行会计记录和处理，即只有实际发生货币收付时，才进行会计处理

应计收益 ➤ 应计收益，即以"应计"为出发点，没有支付的支票或未收到的应收账款都要求进行相应的会计处理，若是业务开展一切顺利，则应计收益将记录未来获取的利润

图 5-18　处理账务的方法

很多投资者认为，应计收益不够具体，该记录方式只是记录了"账面利润"，得到的利润根本不能够被认为是真正的利润。

有些投资者会从权责发生制转向收付实现制，也有可能从收付实现制转向权责发生制，或者干脆混合使用两种会计制度。两种会计制度的应用举例如表 5-1 所示。

表 5-1　两种会计制度的应用举例

	A 股票	B 股票
第一天	购买 100 股，20 元 / 股	购买 100 股，20 元 / 股
第三天	A 股票价格上涨至 23 元 / 股	B 股票价格下跌至 17 元 / 股
第五天	卖掉 A 股票，并获得 300 元的收益	保留 B 股票

注释：这里忽略应扣除的相应手续费用

如表 5-1 所示，第一天，某投资者购买 100 股 A 股票以及 100 股 B 股票；到了第三天，A 股票价格上涨至 23 元 / 股，而 B 股票价格下跌至 17 元 / 股；于是这位投资者在第五天卖掉 A 股票并获得 300 元的收益，而保留 B 股票。

这位投资者为什么会这么做呢？他认为，A 股票所带来的收益是应计收益，是看不见的收益，只有将其卖出，得到的利润才能算入实际收益；而 B 股票所带来的损失也只是应计损失。

从这位投资者的角度来看，实际收益和应计收益是不对等的，只有将应计收益落实在手，才算是实际收益；而实际损失与应计损失却是对等的。

但是，如果其他人问起这位投资者的收益如何，因为自尊心的原因，这位投资者会真实地回答，A 股票为他带来了不错的利润，而 B 股票也没有造成任何损失。

事实上，这位投资者就是利用实际收益与应计收益相结合的方式来支持自己最初的判断，并且因为自尊心而继续持有手中的 B 股票。

还是这位投资者，购买了 100 股 A 股票和 100 股 B 股票，如表 5-2 所示。

表 5-2 实际收益与应计收益

	A 股票	B 股票
第一天	购买 100 股，20 元 / 股	购买 100 股，20 元 / 股
第三天	A 股票价格上涨至 23 元 / 股	B 股票价格下跌至 17 元 / 股
第五天	卖掉 A 股票，并获得 300 元的收益	卖掉 B 股票，并形成 300 元的亏损

若是这位投资者在第五天将所持有的 A 股票和 B 股票全部卖出，则在卖出 A 股票之前，投资者会认为 A 股票获得的收益是实际收益，即使只是应计收益；在卖出 B 股票之前，投资者会认为 B 股票形成的亏损是实际亏损，即使只是应计亏损。而造成这一现象的原因就是，投资者不愿意承担任何损失，害怕亏损。

5.5 认知幻觉，心理账户的设定

心理账户是行为经济学中的一个重要概念，是芝加哥大学行为科学教授理查德·塞勒提出的概念。他认为，除了钱这种实际账户外，在人的头脑里还存在着另一种心理账户，人们会把在现实中客观等价的支出或收益在心理上划分到不同的账户中。

例如，人们会把工资划归到靠辛苦劳动日积月累下来的"勤劳致富"账户中；把年终奖视为一种额外的奖励，放到"奖励"账户中；而把买彩票获奖的钱，放到"天上掉下的馅饼"账户中。

对于"勤劳致富"账户里的钱，人们会精打细算，谨慎支出。而对"奖励"账户里的钱，人们就会抱着更轻松的态度花掉，如买一些平日舍不得买的衣服，将其作为送给自己的新年礼物等。"天上掉下的馅饼"账户里的钱就最不经用了，通常是"来也匆匆，去也匆匆"。想想那些中了头彩的人，不论平日多么节俭，一旦中了 500 万元，就会立刻变得大手大脚，这就是心理账户在起作用。

实际上，绝大多数的人都会受到心理账户的影响，因此总是以不同的态度对待等值的钱财，并做出不同的决策行为。从经济学的角度来看，一万元的工资、一万元的年终奖和一万元的彩票奖金并没有区别，可是普通人却对这三者做出了不同的消费决策。

正是因为心理账户的存在，个体在做决策时往往会违背一些简单的经济运算法则，从而做出许多非理性的消费行为。

心理账户是一种认知幻觉，这种认知幻觉影响着金融市场的投资者，使投资者失去对价格、市场的理性关注，从而产生非理性投资行为。

例如，投资者容易按照自己心理账户的"平衡"做投资决策，在投资过程中不以总资产规模或收益最大化为目标，在调整资产结构时往往卖出组合中某些盈利的品种，而留下仍然亏损的品种。有时甚至还会对现有品种的成本进行"追溯调整"，不到成本价坚决不卖。

投资者这种卖出盈利品种、留住亏损品种的现象，在行为金融学上称为"损失厌恶心理"。因为这种心理的存在，股市中很多投资者的股票账户属于"睡眠账户"（长期没有交易）。"睡眠账户"显然反映了投资者"自我调控能力"的不足。

还有的投资者往往会因小失大，在股价即将下跌的时候，为了多盈利而错失卖出的良机。这种因小失大的情况在股票市场中比比皆是。面对这种情况，投资者可以通过调整心态、训练情绪管理能力来改变这一局面。如果情绪管理能力水平真能达到某个高度，那么"心理账户"便会发挥积极作用。

在股市投资交易过程中，投资者设立了相应的心理账户，有的投资者是为资金管理而设立心理账户，利用心理预算来使每个心理账户的成本与收益相匹配；有的投资者是为了止损而设立心理账户，研究不同股票的亏损程度。

在进行决策的时候，很多时候投资者不会权衡全局来进行分析，而是在心里将某一项决策分为几个不同等级的心理账户进行决策。如图5-19所示，看看投资者是如何分别对待这些不同等级的心理账户的。

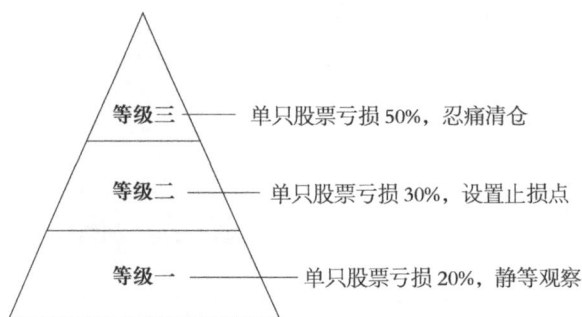

图5-19 不同等级的心理账户

为资金和亏损设置不同等级的心理账户是投资者最常使用的方法，这是一个好的现象。但是，投资者也会往相反的方向出发，也就是心理账户的存在使得投资者在进行决策时常常违背常识性的经济运算法则，做出非理性的投资行为。这种非理性的投资行为经常体现在以下两个方面，如图5-20所示。

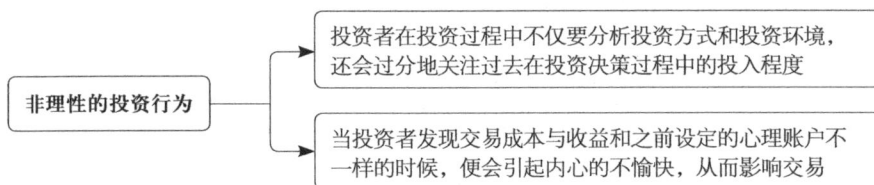

图5-20 非理性的投资行为

正是因为心理账户的存在，投资者会过度关注因投资失利而带来的损失，不能摆正自己的心态。

投资者更加关注的是情感的体验，在投资过程中往往不追求理性认知上的效用最大化，而是追求情感上的体验最大化。正如芝加哥大学商学院终身教授奚恺元所说："人们最终追求的是满意和幸福，而不是金钱。"

5.6 以概率思维分析股市

在这里，笔者提供一个对抗非理性认知的小技巧，即从概率的角度来判断股价走势。概率又叫机会率，是对可能性在量上的一种科学说明和测定。概率是一种客观存在的、难以改变的不确定性，它既不会被情绪控制，更不会被消息左右。以概率思维来分析预测股市走势，不会受到消息、认知、交易心理等的影响。

值得注意的是，笔者的本意是从概率的角度分析信息，而不是从概率的角度进行决策或交易，如图 5-21 所示。

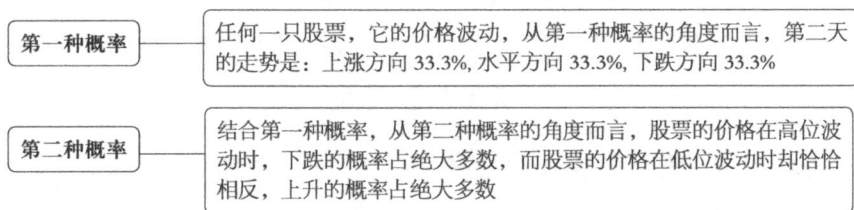

第一种概率 —— 任何一只股票，它的价格波动，从第一种概率的角度而言，第二天的走势是：上涨方向 33.3%，水平方向 33.3%，下跌方向 33.3%

第二种概率 —— 结合第一种概率，从第二种概率的角度而言，股票的价格在高位波动时，下跌的概率占绝大多数，而股票的价格在低位波动时却恰恰相反，上升的概率占绝大多数

图 5-21 从概率角度分析信息

但是，怎么来定义股票的价格什么时候在高位运行、什么时候在低位运行呢？

没有具体的数值或者位置来进行定义，但是可以确认的是，现在这一刻股票价格的位置是处于总体位置的高位还是低位。如果一只股票目前的价格脱离每股净资产较多时，大概率的事件是股票价格在高位波动；如果一只股票目前的价格接近每股净资产时，大概率的事件是股票价格在低位波动。

投资者可以这样理解前面这段话：股票价格若是处于下跌的趋势，则即使此股票价格处于较低的位置，也可以认为该股票价格有 66% 的概率是持平的或者是下跌的；股票价格若是处于上涨的趋势，则即使此股票价格处于较高的位置，也可以认为该股票价格有 66% 的概率是持平的或者是上涨的。

股票价格波动的自然规律是"涨上去就会跌下来，跌下来就会涨上去"，不同的是在各个阶段停留的时间长短、波动的幅度大小。

投资者可以适当地把握股票价格波动的大概率事件，追求持续、稳定的盈利，不去买进高利和价格在高位的股票，这样一来，获利的概率将大大提高。

实际上，笔者这里提到概率问题，最终的目的就是想让投资者能够从概率的角度进行判断，保持冷静的心理。同时，投资者应根据股票的实际走势，多关注股票的大概率事件，结合已知的各种信息进行理性的交易。

★认知偏见与交易决策模拟推导模型

行为金融学认为，如果投资者总是凭主观感觉进行一些没有确凿根据的判断，则会产生认知偏差或者偏见，即使行情走势碰巧与预测一致，也只会使认知偏见更加根深蒂固，最终让投资者蒙受更大的损失。

在这里，笔者把认知偏见与理性交易决策进行总结和罗列，便于投资者自检、自纠。

在投资过程中，很多投资者都会受到认知偏见和情绪偏差这两类偏差的影响，这时投资者就要参考表 5-3 中的理性决策模型，以中立的、客观的心态进行决策。

表 5-3 认知偏见 VS 理性的交易决策

认知偏见	理性的交易决策
股票价格开始大幅度下跌，应该没有再跌的余地，赶紧买入	行情大幅度下跌的状况很常见，此时最好停止交易，仔细观察股市动态
即使出现潜在亏损，只要能保持头寸规模，一定会再次赚回来	行情大幅度下跌的状况很常见，此时最好停止交易，仔细观察股市动态
出现亏损非常后悔，导致难以进行下一次的交易	行情大幅度下跌的状况很常见，此时最好停止交易，仔细观察股市动态
现在正是进行交易的绝好时机。就算投入全部资金，也不能放过这次机会，为了赚回之前亏损的资金，这次一定要争取一次	不要抱有冒险的心态，一旦有这种心态，就很难冷静地思考问题、处理问题。若是出现了亏损，应该重新分析股市当下的情况、自己的投资方式和操作手段，重新设置心理账户和参考点，再进行下一步的决策
当前交易系统似乎出现了问题，只要按照交易系统提供的信息进行交易就会失利；但是反向思考，若是按照交易系统提供的信息进行反向交易，就能够盈利	在进行反向交易之前，应该先将交易系统反向的条件进行回测：若交易条件和交易环境是安全的，则可以进行反向交易；若交易条件和交易环境是不安全的，则不可以进行反向交易
虽然还未达到最大止损点，但资金已经开始缩水。由于不愿出现亏损，便想减少交易股数	减少交易股数意味着获得的收益也会随之减少。如果坚持减少股数，则很可能无法获得与模拟交易相同水平的收益。但是，若是已经超过了投资者设定的心理账户，则可以减少交易股数

第6章
交易心态主导下的投资行为

错误并不可耻，可耻的是错误已经显而易见了却还不去修正。

——乔治·索罗斯

    如果从行为金融学的角度来看股市，那么就能够看到股市大背景下投资者的心态与投资交易行为。在交易过程中，投资者的心态与情绪通过市场反映出来，随后，投资者又将市场反映出来的心态与情绪运用到投资交易中。从交易结果得知，投资者运用的交易策略和交易模式只占据其中的一小部分，而大部分内容则是投资者的心态与情绪。

    可以说，交易的成功并不在于用什么特定的交易方法或交易模式，而是更多地在于投资者本身的心态控制、对于市场的认知程度和应变决策交易系统。

    正所谓"会分析不代表会交易、会交易不代表会成功"，交易的成功属于那些有着良好的心态和完善的交易体系的投资者。所以，本章将介绍行为金融学基础之上、股市大环境背景之下的投资者交易心态主导下的投资行为。

6.1 恐惧、后悔、贪婪与市场信息的连接

投资者总是喜欢花费大量的时间来研究市场或者研究投资技术与理论，而对自身情绪产生的原因却研究得太少。

6.1.1 市场信息与投资者情绪

不可否认的是，现在很多股票投资软件的先进性可以让投资者在不研究心理原因的情况下，事先进行"模拟练习"，其目的就是训练投资者对市场的感觉，以及帮助投资者探寻自身的心理变化。

但是，"模拟练习"终究是"模拟"和"练习"，不能够真正训练投资者对市场的实际感觉，也不能真正地让投资者探寻内心的想法，更不能让投资者感受自身的情绪与市场之间的真实联系与反应。

在真实交易行为产生时，因为涉及切身的利益，投资者的客观性往往会被搁置，他们往往会以感性和情绪化来与市场中的信息进行沟通和对接。因此，投资者只有进行真实交易时才能感受与审视自身的交易情绪。

股市就是一个零和游戏，参与游戏的各方严格竞争，一方获利必然意味着另一方亏损，游戏各方的收益和损失相加的总和永远为"零"，且游戏参与者之间不存在合作的可能。股市上，投资者每买入一项，相应地就有一项卖出。

基于零和游戏的性质，市场的投资者希望自己是获利的那一方，于是总是看到利好的市场消息而进入市场，看到利空的市场消息而退出市场。而在面对市场上的各种消息时，投资者往往会被这些消息影响、左右。

在发生严重的损失之后，投资者才会明白在市场中获利并非那么容易，也就是市场上的各种消息与自身情绪的沟通与对接并不是那么完美，如图 6-1 所示。

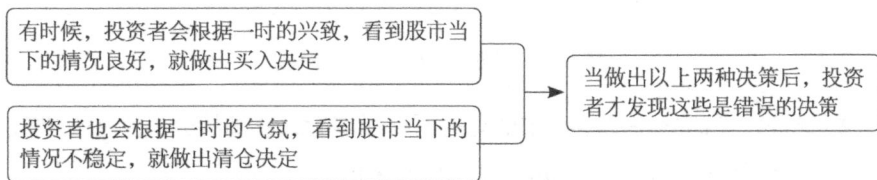

图 6-1 投资者的错误决策

图 6-1 中的两种情况经常在投资者身上发生，这些情况从另一个方面也表明了市场消息给投资者带来的影响。投资者的决策更多地基于之前的情绪与情感，而不是理性的思考与判断。因此，如果投资者能够认识到自身情绪的这一问题，那么他们在面对市场的各种消息时，大多数情况下能够有意识地抑制自己的情绪本能，并仔细地设计投资计划。

市场的各种信息往往反映了投资者的态度和情绪，而这种态度和情绪正是投资者基于现实的经济情况、股市消息做出反应的结果，如图 6-2 所示。

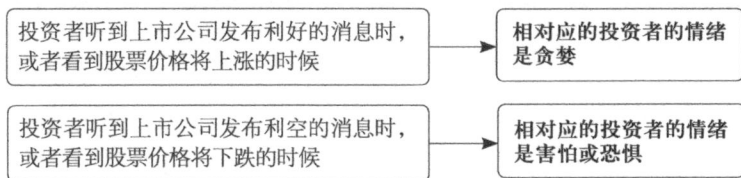

图 6-2 投资者的态度和情绪

可见，市场的信息反映了投资者的各种情绪。

6.1.2 投资者情绪心电图

投资者的情绪与市场消息的关系是十分密切的，投资者的任何行为都会受其心理活动的影响，也会受到情绪的影响，更会受到市场消息的影响。

这些影响通常包括图 6-3 中的两个方面。

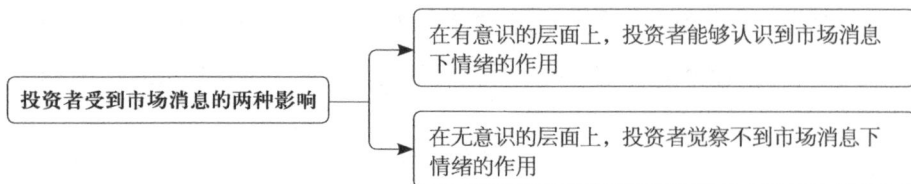

图6-3　市场消息对投资者的影响

投资者在受到图6-3中市场消息的两种影响后，其情绪会发生一个类似于"心电进阶图"的波动，"心电进阶图"分为图6-4中的5个阶段。

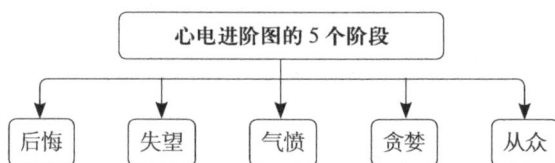

图6-4　心电进阶图

1. "心电进阶图"中的第1个阶段：后悔

如图6-5所示，投资者从股市消息中得知将出现一轮大涨势态，于是想要寻找机会买入股票。当天股价为6元，而等投资者第二天一大早打算买进时，却发现股价涨到了8元，这时，投资者开始后悔未能在得知市场消息的第一天就买入。

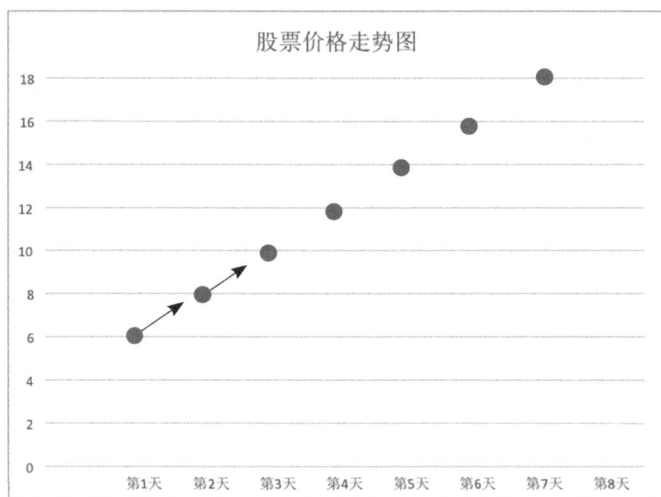

图6-5　股票价格走势（1）

于是，投资者想等价格回落到 6 元再买进。可是，股票的价格走势与投资者的预期正好是相反的，股票价格不仅没有下跌，反而在第 3 天的时候上涨至 10 元，此时投资者后悔的情绪开始加重。

2. "心电进阶图"中的第 2 个阶段：失望

如图 6-6 所示，当股价从第 3 天的 10 元继续上涨到第 4 天的 12 元时，投资者就开始感到失望，意识到股价并未按自己的美好愿望发展，继而埋怨自己为什么没有在 8 元价位时入市。

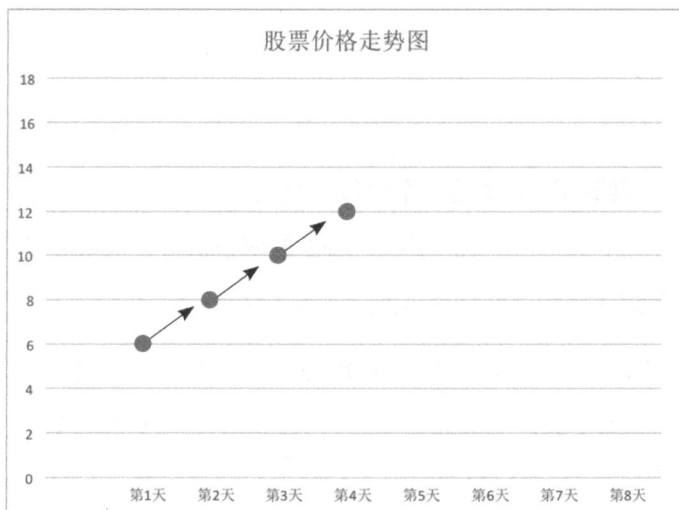

图 6-6　股票价格走势（2）

3. "心电进阶图"中的第 3 个阶段：气愤

到第 4 天时，股价涨势依然不衰，到第 5 天股价又从 12 元跃升至 14 元，如图 6-7 所示。投资者的心理由失望转为气愤：这家公司的股票为什么只涨不跌。

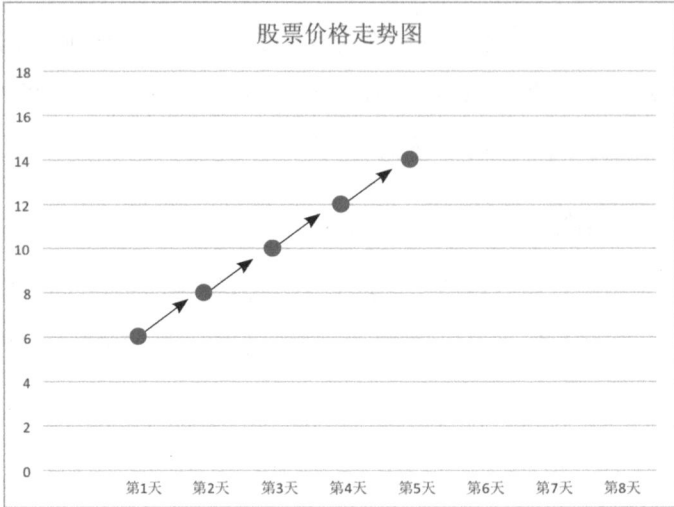

图 6-7　股票价格走势（3）

4. "心电进阶图" 中的第 4 个阶段：贪婪

当第 5 天股价涨至 14 元的时候，看着股票价格依然涨势十足，投资者有点想要在此时进入市场，并且打算做一次短线交易。

但是，投资者又怕在此买入的风险太大，于是情绪剧烈波动，心神不定。还没等投资者决定，股价又从第 5 天的 14 元上涨到了第 6 天的 16 元，如图 6-8 所示。

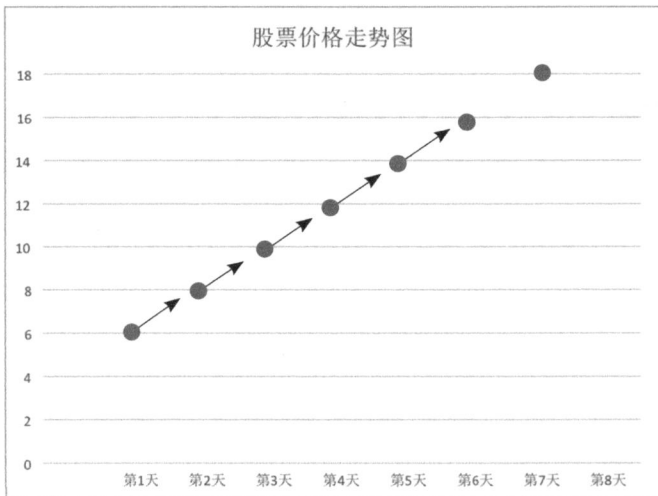

图 6-8　股票价格走势（4）

5. "心电进阶图"中的第 5 个阶段：从众

如图 6-9 所示，股价在 16 元的时候再次上涨，达到 18 元。此时本应是投资者做出决断的时候，而他却不再生气了，反而觉得这种股票就值这个价，并且还有再涨的可能，暗暗责怪自己以前何苦跟自己过不去呢。

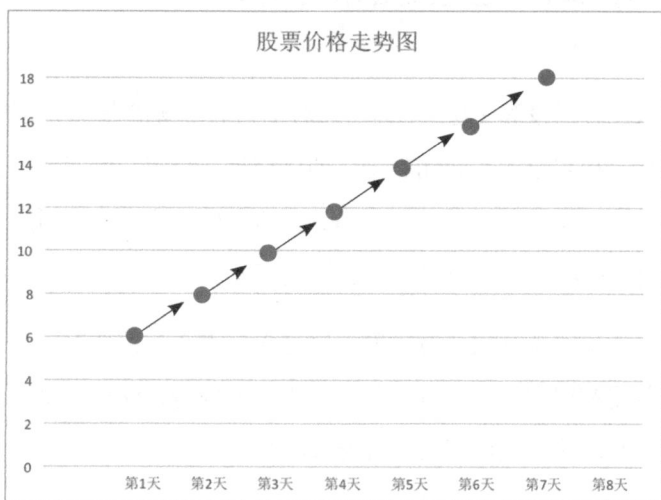

图 6-9　股票价格走势（5）

一旦投资者跟着市场中大多数投资者的行为进行决策，决定在股价处于 18 元的时候买入时，其结果往往是在高价位被套牢，甚至有可能在 18 元处买进之后股价急速下跌，最后血本无归。

在投资者进行上述决策的过程中，市场消息和投资者情绪进行了一次博弈，从第 1 个阶段的"后悔"到第 5 个阶段的"从众"，都表现了投资者在市场消息变化下的情绪变化。

6.2 以开放的心态观察市场

交易赢家在进行投资交易时，即使面对不利的市场状态和不利的股票走势，也绝不会在此时把自己的心封闭起来，即使交易失败了，也同样不会将自己的心封闭起来。交易赢家以认赔结束交易，其交易心态绝不会是封闭的，而是始终保持一个开放的心态来面对当下的劣势或风险。

但是，股市中的普通投资者不同，这些投资者在多数情况下要面对一个矛盾的考验，就是在股市持续不确定的情况下，如何持续保持一个开放的心态? 如何以开放的心态接受股市下跌、接受风险?

以概率进行决策

股票市场的现实就是每笔交易的结果都不确定，而投资者面对的现实就是彻底接受结果不确定的可能性，不然，投资者就会受到交易结果的影响，并将影响带到下一次的交易中。而在下一次的交易过程中，又会产生一个新的交易结果，投资者会再次受到新的交易结果的影响。此后投资者的心态便被交易结果左右，被股票市场左右。

交易赢家将数次的交易结果进行了汇总和分析，将交易结果中的盈利和失利进行概率性分析，如图 6-10 所示。

图 6-10 盈利和失利的概率性分析

当投资者计算出盈利的概率为 40%，且下一次的股市投资交易的结果是盈利的时候，投资者在大多数情况下会保持一个开放的心态。

当投资者计算出持平的概率为 20%，且下一次的股市投资交易的结果是持平的时候，投资者在大多数情况下依然会保持一个开放的心态。

但是，当投资者计算出失利的概率为 40%，且下一次的股市投资交易的结果是失利的时候，投资者在大多数情况下便不能保持一个开放的心态了。

因为投资者受到了概率的影响，既然相信了概率，那么投资者便相信每一次的结果都是不确定且无法预测的。但是，每一次的结果都不外乎盈利、持平、失利这 3 种。

可是，在实际的投资过程中，大部分投资者在每一次的交易中，或多或少都会赋予情感上或者心理上的特殊意义，以一个不开放的心态去期待下一步的变化。

概率的出现使得投资者失去理性的思考方式，局限的思考方式使得投资者的心态不够稳定。

与股市中的大多数投资者不同，交易赢家总是拥有理性的思考方式，并且不会单纯从概率角度来审视股市、进行操作。

交易赢家最重要的一种思考方式就是以开放的心态对当下的股市进行观察和思考。这种开放的心态能够让交易赢家在毫不恐惧的情况下交易，也能够防止交易赢家变得鲁莽，犯下不理智的基础性错误。

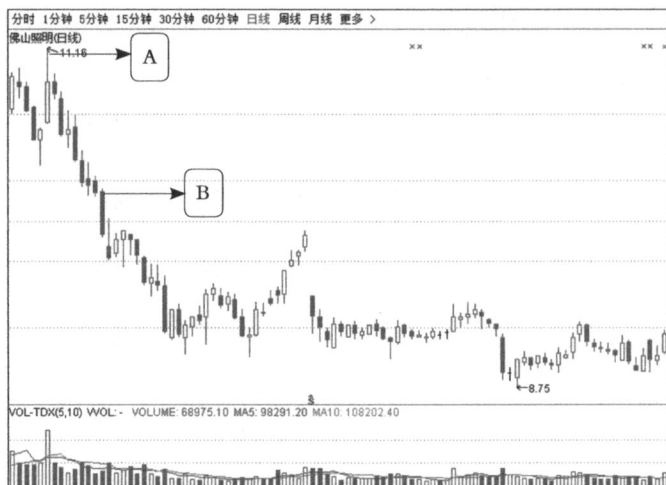

图 6-11　开放的心态

　　如图 6-11 所示，当股价达到图中的最高点 A 点之后便出现了下跌的趋势。当股价下跌至 B 点的时候，交易赢家依然保持一个开放的心态，不受恐惧心理的影响，避免因鲁莽做出错误的决策，并能够检视和控制自己，及时止损。

6.3　被妄想污染的心智

　　或许对投资者来说，"心智"这个词语是一个比较陌生的词语，因为投资者经常能听见的是"心态"这个词语。那么，"心智"到底具有什么含义呢？

　　心智是指人们对已知事物的沉淀和储存，通过生物反应而实现动因的一种能力总和。它涵盖了大脑对已知事物的积累和储存，结合了"生物学"的大脑信息处理，即"生物反应"，运用了为实现某种欲望（动因）而从事的"心理"活动，从而得到为实现动因结果而必须产生的"智能力"和"潜能力"。

　　将心智放在投资者身上来说，其指的是投资者的感受、观察、理解、判断、选择、记忆、想象、假设、推理等各项思维的总和反映到心理的过程；通常情况下，投资者会用此来指导后续的投资行为。

6.3.1 无意识的妄想

最普遍的现象是，投资者的心智具有自发性，会使投资者把外部信息与记忆中的信息进行结合、联想，从而产生无意识的妄想。

例如，投资者在上一次的投资失败之后，产生了后悔和愤怒的情绪；而实际上，投资者在进行下一次投资交易时，不见得会交易失败，但是，投资者联想到了上一次投资失败时后悔和愤怒的情绪，于是，投资者的大脑就会把后悔和愤怒的情绪与下一次交易联想在一起。

只要具备足够的相似性，投资者就会进行妄想。因为妄想是投资者自发的、无意识的心智功能，不是投资者能够考虑或决定的事情。

正因为妄想是一种无意识的行为，才会导致投资者容易受到妄想的干扰。在投资过程中，投资者往往妄想股市中存在巨大的风险，这种妄想会将当下的交易决策和交易机会掩盖，也吞噬了投资者冷静的心理。

6.3.2 能量守恒定律

我们可以站在能量守恒定律的角度来理解妄想。能量守恒定律即热力学第一定律，是指在一个封闭或者孤立的系统中，总能量保持不变，若系统的总能量发生改变，则输入或输出该系统的能量发生变化；同时，系统中的能量既不会凭空产生，也不会凭空消失，它只会从一种形式转化为另一种形式，或者从一个物体转移到其他物体上。

根据能量守恒定律，妄想的力量与内心的力量是守恒的，投资者的妄想就好像外在的负能量，时时刻刻都在"污染"着投资者内心的正能量，正能量与负能量的博弈如图 6-12 所示。

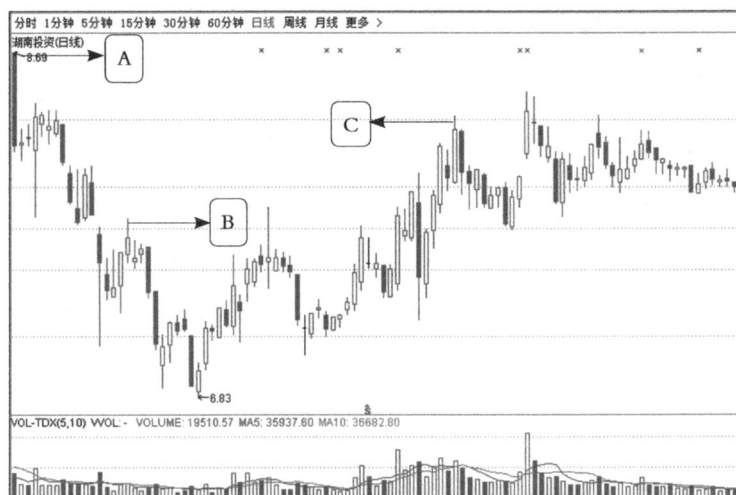

图6-12 正能量与负能量的博弈

当股价处于 A 点时，还未出现下跌趋势，股价走势不存在什么风险，也就是股市中的投资者内心的负能量几乎为零，而投资者内心的正能量几乎为百分之百。

但股价随即开始下跌，当股价大幅度下跌至 B 点的时候，股市产生了风险。随着股价在 B 点之后的继续下跌，股市中的风险越来越大，也就是股市中的投资者内心的负能量越来越多、正能量越来越少，投资者的心智已经被负能量污染。

当股价下跌后又再次上涨至 C 点时，股市中的风险越来越少，也就是股市中的投资者内心的负能量越来越少、正能量越来越多。

6.3.3 投射原理

可以说，投资者内心的正能量随时会受到股市波动的影响。但是，更多的时候，影响投资者内心的正能量的不是投资者内心的负能量，而是投资者大脑中记忆中的相似性所带来的感受。

投资者的心智受到影响，会立刻自动把具有相同性质、特性和特征的信息联想在一起，那么，这和投射原理有什么联系呢?

研究发现，人们在日常生活中常常不自觉地把自己的心理感受，如高兴、生气、后悔等隐藏在心中，同时，还会记住使自己产生高兴、生气、后悔等心理感受的情景。在以后的生活中，一旦出现了类似的情景，人们便将内心隐藏的具有相似性的感受联系在一起，进行妄想。

股市中的投资者也是一样，将记忆中的感受，与具有相同性质、特性和特征的信息联想在一起，并投射到当前的股市交易中，从而影响当下的交易决策，如图 6-13 所示。

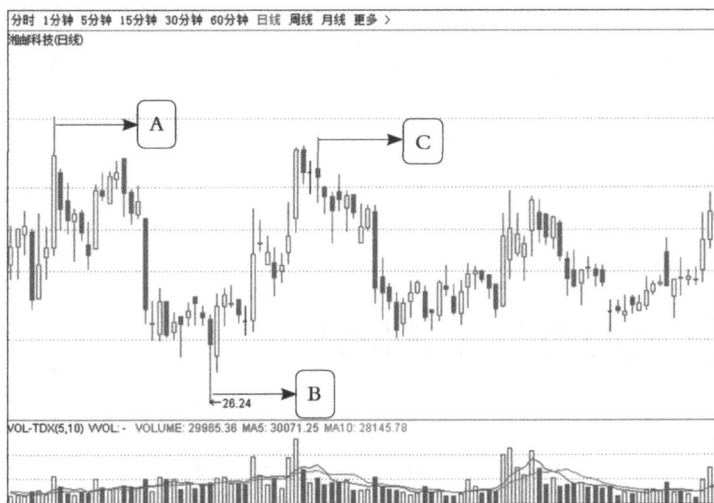

图 6-13　投射原理在股票交易中的反映

图 6-13 中，当股价达到 A 点时，投资者原本想要等到股价再上涨一点就立刻卖出，但是，股价在 A 点之后却出现了下跌，使得投资者产生了后悔和气愤的心理。

股价在 A 点之后一路下跌到了 B 点，之后又再次上涨。当股价上涨至 C 点时，自信的投资者预想在此卖出，但是，还未等投资者开始操作，股价又开始了第二轮下跌。

此时，看到股价下跌，投资者想到了曾经在股市下跌中投资失利的感受，即在 A 点下跌时产生的后悔和气愤的心理。在股市第二轮下跌时，投资者找到了相似性。其相似程度要多高，投资者才会把两者联想在一起？这是未知的，因为每一个投资者的心智是不一样的，心智运行的方式也是不一样的。

也就是说，股价在 C 点时，投资者内心满是正能量，而股价在 C 点开始下跌时，投资者会把看到或听到的信息，与内心曾体验到的股市下跌的痛苦能量（A 点下跌时产生的后悔和气愤）联想在一起，将原本是正能量的心智变成负能量的心智，变成痛苦和恐惧的来源。

妄想会使投资者产生亏损的痛苦，产生害怕的心态，促使投资者从负面的角度来看待当下的信息。可见，促使投资者亏损和犯错的心智都是极不理智的，但投资者却极有可能被这种妄想出来的心智所影响。若想克服妄想，就需要树立积极的交易心态和交易情绪。

6.4　交易心态与交易情绪

投资者交易心态的表现是多方面的，这些都会对投资者的交易情绪产生影响。

从过去的市场运行轨迹之中，我们仿佛很容易看到其中的因果关系。大多数投资者会认为股市的趋势似乎是可以预测的，于是他们会完全忽视自己当下的心态与情绪，急于在某个低点买进，在某个高点卖出。

若盈利了，投资者就认为投资股票不过是低进高出的过程，什么心态、什么情绪，都是不重要的、虚拟的东西，预测趋势才是重要的。

投资者的这种想法来源于因盈利而产生的自信，他们把复杂的股票市场人为地进行了简化，如图 6-14 所示。

01	社会心理学家曾经提出了一个"因果关系模式",认为人们总是试图把某个行为与某个特定的原因联系起来
02	根据"因果关系模式",如果股票指数上涨了,投资者会认为受利好消息支撑;如果股票指数下跌了,投资者会认为受利空消息影响
03	根据"因果关系模式",投资者总能对所发生的事件做出技术性或理论性的解释,而不是从投资者个人的心态和情绪上寻找答案

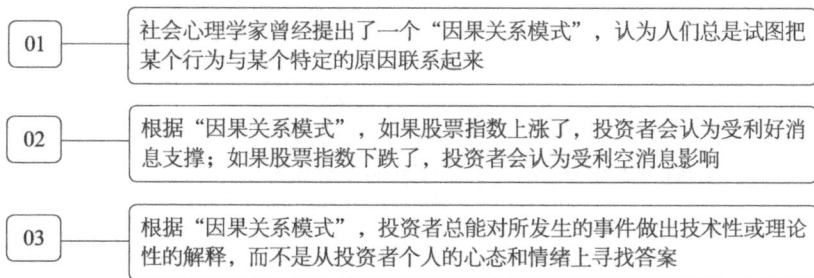

图 6-14 投资者简单直接的思维模式

在股票市场中,投资者并非孤立存在。在实际的股票投资交易过程中,投资者的交易心态与交易情绪往往会受到其他投资者的心态与情绪的影响。这种影响是通过所谓的"投资心理效应"表现出来的。例如,当股市中大多数投资者都对后市表现出浓厚的乐观情绪时,很少有投资者能够抵御这种影响。

投资者的心理效应存在一种倾向:行情上涨时,投资者会更加乐观,对任何股票都看好,勇往直前,唯恐错失获利良机,从而使本来已上涨的股市加速上涨;行情下跌时,投资者将更加悲观,从而使股价加速跌落。所以投资者的心态和情绪对股票市场行情具有"乘数"效应,"乘数"效应对股价的涨跌起到催化和加速作用。

交易心态与交易情绪就仿佛是一个调节剂,在价格波动的情况下,反映了投资者对未来股市状态的预期。

在股市的上涨与下跌面前,任何不理智的心态或者行为,都可能被投资者表现出来。所以,一些成功的投资者总是告诫其他投资者:必须通过自我控制来努力保持心理平衡,必须尽可能地保持客观、冷静的心态。

交易心态与交易情绪又是相辅相成的,保持良好的交易心态、理性的交易情绪,就是投资者当下要做的事情,如图 6-15 所示。

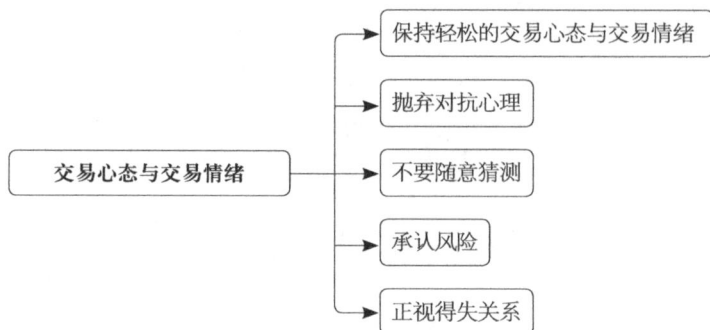

图 6-15　交易心态与交易情绪

★塑造开放的交易心态

交易过程中最为核心的部分，就是投资者的心态管理。拥有一个开放的交易心态是投资者交易的最高境界。一个开放的交易心态会使整个交易决策流程发生改变，从而减少不必要的风险，大概率地改变既有的结果。

交易赢家和普通的投资者之间存在差距的主要原因是，交易赢家塑造了一个开放的心态，而普通的投资者没有这样的心态。例如，随着连续交易的成功或失败，普通的投资者的自我膨胀心态或自我怀疑心态都会直接或间接地改变其既定的交易策略，从而改变整个交易决策系统，引发预期外的风险，并产生失败的交易结果。交易赢家却能够保持开放的心态，很少受到交易外的因素影响，按照既定的流程进行交易决策，保证整个交易的流程在可控范围之内，实现大概率的、预期内的结果。

而塑造开放的交易心态是一个系统的过程，其步骤和方法如图 6-16 所示。

```
                        ┌─→ 塑造心智系统
                        │
                        ├─→ 保持轻松的交易心态与交易情绪
                        │
        塑造开放的交易心态 ─┼─→ 减少恐惧、后悔等情绪
                        │
                        ├─→ 减少预测、把握当下
                        │
                        └─→ 承认风险
```

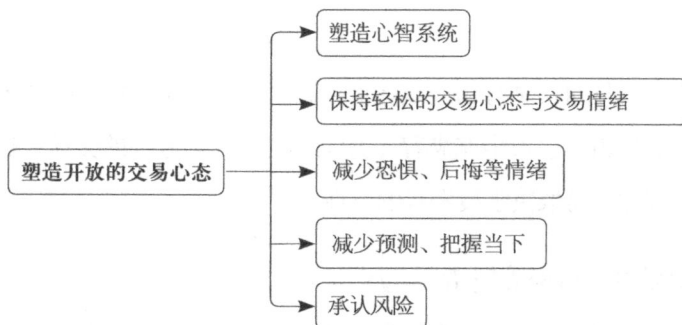

图 6-16　塑造开放的交易心态

1. 塑造心智系统

心智系统是非常重要的，若是投资者的潜意识中有不切实际的欲望，并对股市抱有不正确的想法或信念，那么，无论是欲望还是思想，投资者都处于一种不理智的状态。这种不理智的状态会导致投资者产生负能量。

根据能量守恒定律和投射原理，投资者不要尝试全面消灭这种负能量，因为能量只能被转移。投资者要学习如何把"负面的能量"转化为"正面的能量"，然后在"新的心智系统"中诞生出强大且崭新的能量。这个新的心智系统将帮助投资者脱离恐惧和烦恼，保持开放的心态，步入交易赢家的境界。

2. 保持轻松的交易心态与交易情绪

投资者在交易过程中不要强求市场跟随自己的脚步来进行波动，也不要与市场或者自己作对。完美的交易应该是一个轻松的过程，投资者要保持冷静和放松，寻找那些可见的机会。但是，保持冷静和放松并不意味着放纵市场、不闻不问，而是在冷静和放松的前提下做一个观察者，等待机会的降临。对于市场中出现的大大小小的波段，不要过于紧张，不要强求自己在每个波段都进行交易。因为在这些波段中，并不是所有的波段都能够准确地表达出市场的信息和动向。投资者要把握的趋势一定是真实的、具有市场意义的。

股市中的投资者尽量不要把个人的情感强加在市场上。客观来说，股市既不是投资者的敌人，也不是投资者的亲人，股市只是像投资者的朋友一样

的存在。

投资者有权与朋友进行沟通或者保持疏远，股市也一样，投资者有选择参与或者退出的自由。股市中充满着无穷无尽的盈利与亏损的交易，是否参与这些盈利与亏损的交易取决于投资者的选择。

3. 减少恐惧、后悔等情绪

股市是有风险的，即使投资者拥有高超的投资交易技术和方法，也依然要承认风险、接受风险。由此一来，股市中的任何状况都不会再让投资者感到恐惧、后悔。

若投资者能够减少恐惧、后悔等负面的情绪，那么市场上的任何状况都不能打败投资者。投资者的内心已经变得足够强大，投资者可以坦然接受一切，不再恐惧。当投资者不再恐惧时，投资者的心灵也就随之打开了，可以面对股市中任何情况下的股价上涨与下跌。如果投资者能够打开心灵，那么便可没有执念地对待股市，以"全然开放"的心态观察市场。

4. 减少预测、把握当下

为什么要减少预测？因为在市场中任何事情都可能发生，在突发性事件发生之前，投资者不可能每次都预测准确。

投资者不可能每次都预测准确，这也就意味着不要去把握不可把握的事情，应尝试减少预测。

股市中的趋势，有些是能够预测到的，有些是预测不到的。但是，预测不是猜测，股市中只有一种语言，那便是由价格、成交量和行情步调组成的语言，投资者用于解读这种语言的技术及理论，都不能达到预测的作用。

股市就如同大海，穿梭在海水中的投资者，其目的不是要与大海对抗，而是要顺应海水流动的方向来运动。所以，股市中的投资者需要做的是适应市场、顺应市场。如果投资者发现自己处在某个不正确的趋势内时，不要试图改变趋势，而是要立刻停下，借机另外寻找适当的趋势。

5. 承认风险

风险是股票交易中不可割舍的部分，投资者用一种价格浮动较小的商品（如资金）去换取另一种价格浮动较大的商品（如股票）时，就应该意识到风险的问题，也应该主动去承认和承担风险。

从投资者进入股市的第一天开始，风险就伴随左右。投资者要理性思考成功和失败的概率，学会与风险相处，不要因产生认知偏差而做出错误决策，更不要因恐惧或贪婪而做出买入或卖出的决策。

第7章
管理交易情绪，提高情绪管理能力

经验显示，市场自己会"说话"，市场永远是对的，凡是轻视市场能力的
人，终究是会吃亏的。

——威廉·欧奈尔

与智商的关系相比较，股票投资交易是否能盈利与投资者的情绪管理能力
的关系更大。

在做决策时，投资者更有可能被情绪主导。情绪管理能力强的投资者，能
够更好地控制自己的状态，更严格地遵守自己定下的纪律，从而做到更理性地
投资。本章将从情绪管理及心理账户的角度，介绍交易情绪的管理。

7.1 情绪管理比智商更重要

行为金融学的诞生，为"情绪管理"在投资策略中的应用提供了依据。股市中的投资者并非完全理性，资本市场中经常出现"羊群效应""尽量返本效应""蛇咬效应"等现象，这些触发了行为金融学的诞生。同时，行为金融学主要对资本市场上出现的非理性的"异常现象"进行分析和解释。行为金融学的内容如图 7-1 所示。

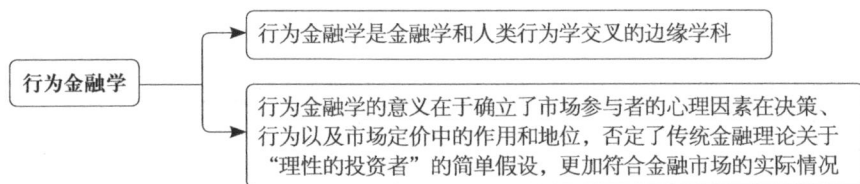

图 7-1　行为金融学的内容

随着行为金融学的发展，越来越多的投资者开始重视对投资过程中人类行为的研究。而对于这方面的认知和研究的效果，更多地取决于"情绪管理"。

智商是情绪管理的基础，情绪管理必须建立在一定的智商的基础之上，没有基本的智商，就不可能存在情绪管理。有研究表明，一个人事业的成功，智商只起 20% 的作用，而情绪管理起了 80% 的作用。

股市中也是如此，从股市的中短期波动看，心理因素所起的作用是最明显的。综合来说，市场中推动股市变化的主要力量有两个：贪婪和恐惧。集体贪婪导致股价疯涨，产生泡沫；集体恐惧导致股价暴跌，市场崩溃。

性格决定命运，贪婪和恐惧体现了股市中的投资者的不同性格，如图 7-2 所示。

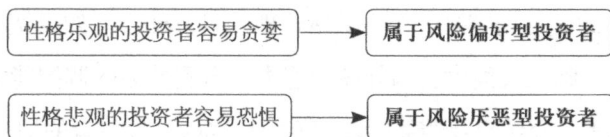

图 7-2　不同性格的投资者

从逻辑上来推断，风险偏好型投资者应该更加适合在牛市中投资，或投资高风险、高成长的品种；而风险厌恶型投资者更加适合在熊市中投资，或投资固定收益类品种。

所以，不同性格的投资者面对不同的市场环境和资产配置，其心理承受能力也是不一样的，并不是所有的市场状况和品种都适合每个投资者参与。投资者若想依据自己的性格或情绪管理能力来投资，就应该先对自身有一个客观的评价。

投资者的情绪管理能力与其小时候的生活环境、学习条件有很大的关系，这也说明情绪管理能力是可以通过环境的变化或自我练习来提高的。有些投资者在投资失败的时候，经常会抱怨市场存在错误，而不承认自己的策略有误，这就是一种情绪管理能力差的表现。

7.2　投资高手的情绪模式

心理学家认为，情绪管理包括图 7-3 中 5 个方面的内容。

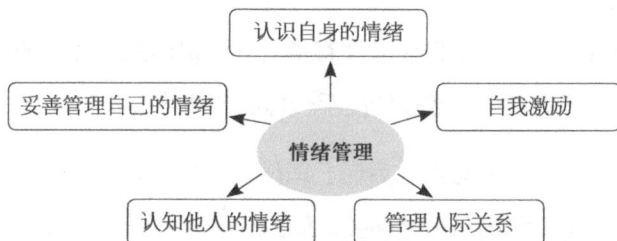

图 7-3　情绪管理的内容

图 7-3 中的 5 点内容是一个人情绪管理的具体体现。如果做简单的概括，情绪管理无非反映三大能力：内外感知能力、自我情绪的调控能力和人际交往能力。本章将重点介绍自我情绪的调控能力，也就是投资者的情绪调控能力。

股市投资的顶级人物——沃伦·巴菲特，是一个高情商的投资者。沃伦·巴菲特曾说："要想在一生中获得投资的成功，并不需要顶级的智商、超凡的商业头脑，更不需要信息，而是需要将一个稳妥的知识体系作为决策的基础，并且有能力控制自己的情绪，使其不会对这种体系造成侵蚀。"

正如沃伦·巴菲特所说，在股市投资交易过程中"一个稳妥的知识体系，一个理性的交易认知，一个坚定的交易信念，加上有能力控制自己的情绪"是极其重要的。而有能力控制情绪，并且能够驾驭自己的情绪，就需要投资者有较高的情绪管理能力。

沃伦·巴菲特的老师本杰明·格雷厄姆也曾有一个经典的见解，他说："如果投资者因为所持证券价格不合理的下跌，而盲目跟风或过度担忧，那么他就是不可思议地把自己的基本优势转变成了基本劣势。"

本杰明·格雷厄姆的这段话说出了大多数投资者的情况，也就是"盲目跟风或过度担忧"，没有自己的判断，将原本具有的优势变成了劣势，这就是情绪管理能力差的表现。

不可否认，在投资过程中，大多数投资者按照别人的投资套路来投资交易，模仿其他投资者的交易诀窍，而不会在投资过程中找到适合自己的交易策略，更不会在投资过程中做自己。若是接连遭遇了失败，那么投资者的情绪便越来越难以控制。

所以，投资者要做的不仅仅是拥有稳妥的知识体系、理性的交易认知、坚定的交易信念，还需要培养像投资高手一样的"情绪模式"。

情绪包括很多种，如恐惧、后悔、悲伤、愉快、兴奋、愤怒等。这里将这些情绪分为积极情绪和消极情绪两类，如图 7-4 所示，愉快和兴奋为积极的情绪，恐惧、后悔、悲伤、愤怒为消极的情绪。

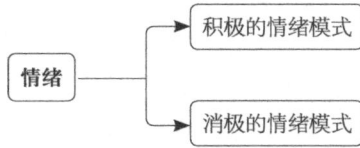

图 7-4　情绪的两种模式

在投资高手的情绪模式中，积极的情绪模式占据主导地位，也就是愉快、兴奋；积极的情绪模式占比要大于消极的情绪模式占比，如图 7-5 所示。

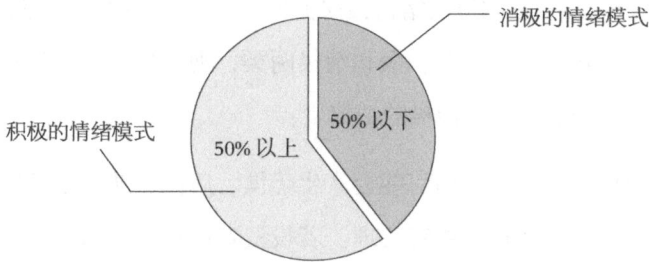

图 7-5　投资高手两种情绪模式的比例

投资高手的积极的情绪模式占比在 50% 以上，而消极的情绪模式占比在 50% 以下。

普通投资者的情绪模式则与投资高手的情绪模式相反，普通投资者的积极的情绪模式占比在 50% 以下，而消极的情绪模式占比在 50% 以上，如图 7-6 所示。

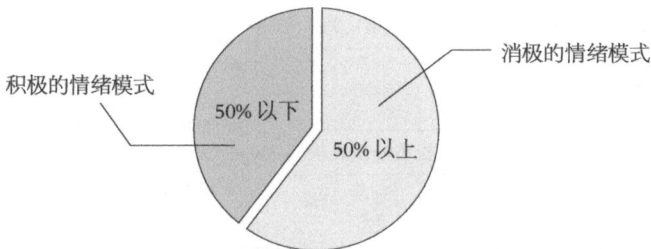

图 7-6　普通投资者两种情绪模式的比例

通过对比投资高手和普通投资者的情绪模式，可以看出，投资高手的积极情绪要多于普通投资者的积极情绪，投资高手的消极情绪要少于普通投资者的消极情绪。

7.3 识别并测试消极情绪

在7.2节中，笔者提到过情绪包括很多种，如恐惧、后悔、悲伤、愉快、兴奋、愤怒等，若是将这些情绪分为积极和消极两类，则愉快和兴奋为积极的情绪，恐惧、后悔、悲伤、愤怒为消极的情绪。

大多数投资者交易失败时可能会产生恐惧、后悔、悲伤以及愤怒等消极的情绪，从而产生强烈的自我否定心理。若投资者识别不了这些消极情绪，那么这些消极情绪便无法得到排解，就更容易引发心理危机，产生不良情绪。

如果长期受消极的不良情绪的困扰，投资者就易患抑郁症、焦虑症、睡眠障碍等心理疾病。所以，如何识别自身的消极情绪，并及时调节消极情绪，以便更好地保持快乐的心情进行投资交易，是投资者需要关注的。

消极的情绪包含了恐惧、后悔、悲伤、愤怒等，这些消极的情绪主要来自图 7-7 中的两个方面。

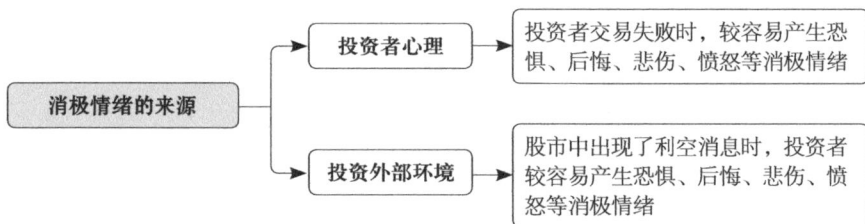

图 7-7 消极情绪的来源

对于消极情绪，投资者的身体会有一些反应，但很多人却没有认识到某些症状或某种行为可能是消极情绪的表现。面对消极情绪，投资者通常会有图 7-8 中的反应。

<table>
<tr><td>01</td><td>**恐惧**：面对股市时心跳加快，害怕股价突然下跌，不敢买入或者继续持有手中的股票</td></tr>
</table>

<table>
<tr><td>02</td><td>**后悔**：对于之前的失败交易感到后悔，并且后悔的情绪逐渐增加，在下一次交易过程中后悔情绪占据主导地位</td></tr>
</table>

<table>
<tr><td>03</td><td>**悲伤**：投资失败或者手中持有的股票被套现，对股市产生了悲观的心理，认为投资股市是不能够盈利的，对股市不抱有希望</td></tr>
</table>

<table>
<tr><td>04</td><td>**愤怒**：股价上涨的时候，没有及时买入；股票下跌的时候，没有及时卖出，导致投资者产生愤怒的情绪</td></tr>
</table>

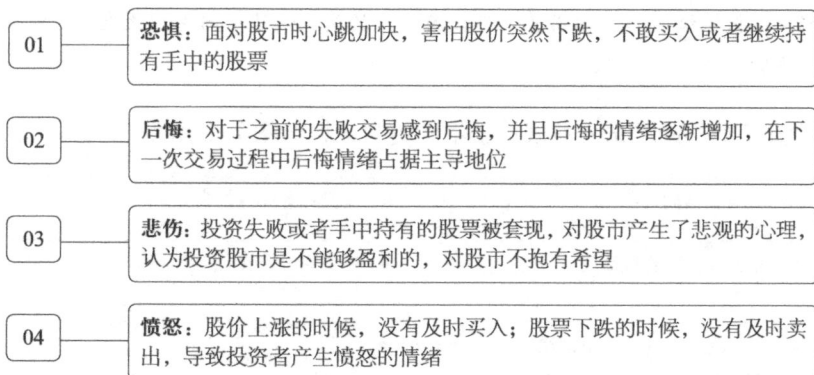

图 7-8　投资者面对消极情绪的反应

消极情绪是否会给投资者带来影响？投资者如何通过自我测评来了解自己的情绪状态？下面介绍一个自我测评方法，供投资者及时识别消极情绪，并采用有效的方法调整情绪。

投资者根据过去两个月的交易状况，回答是否存在下列描述的问题及发生频率，请看清楚问题后再在表 7-1 中的相应数字上面画"√"。

表 7-1　消极情绪测试

问题	选项			
投资失利后，做什么事情都没有耐心和信心	完全没有	有 15 天	有 30 天	有 45 天
莫名地感到情绪低落、沮丧	0	1	2	3
害怕股市，认为股市中存在不安全因素	0	1	2	3
投资失败后感到绝望	0	1	2	3
对投资难以专注	0	1	2	3
投资失败后对股市抱有悲观情绪	0	1	2	3
投资失败后对股市抱有愤怒情绪	0	1	2	3
盈利的时候，也感到没有活力	0	1	2	3
看见股市，情绪就低落	0	1	2	3
投资行为常常迟于投资计划	0	1	2	3

备注：总分（将投资者的选项分数相加）为 0～4 分表示没有情绪问题；5～9 分表示可

能有轻微消极情绪；10～14分表示可能有中度的消极情绪；15分以上表示可能有中度以上的消极情绪。

投资者的不同测试分数表达了不同的含义，如图7-9所示。

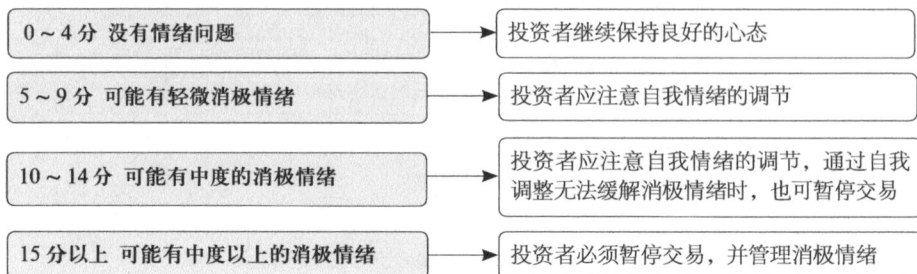

0～4分 没有情绪问题	→	投资者继续保持良好的心态
5～9分 可能有轻微消极情绪	→	投资者应注意自我情绪的调节
10～14分 可能有中度的消极情绪	→	投资者应注意自我情绪的调节，通过自我调整无法缓解消极情绪时，也可暂停交易
15分以上 可能有中度以上的消极情绪	→	投资者必须暂停交易，并管理消极情绪

图7-9　测试分数的含义

如表7-1和图7-9所示，投资者可以根据自身的分数来识别自己的消极情绪。

7.4　消除消极情绪的策略

消除消极情绪是当下投资者越来越重视的方面，也是一个越来越值得关注的问题。即使投资者的交易方法和交易技术非常精湛和高超，也可能无法避免失败的发生，因此投资者更不可轻视导致交易失败的消极情绪。

投资者如何消除消极情绪呢？与管理积极情绪的方式不同，消极情绪的管理是基础，只有消除了消极情绪，才能更进一步地管理积极情绪。可以说，积极情绪的管理是消极情绪的深层次管理。

消极情绪可能是由环境造成的，也可能是由投资者自身造成的，下面介绍几种管理消极情绪的方法，如图7-10所示。

01	增强对消极情绪的认知
02	正确对待交易失败
03	寻找自我放松的方式
04	停止交易，进入思考阶段
05	适当地进行户外活动
06	放慢投资节奏

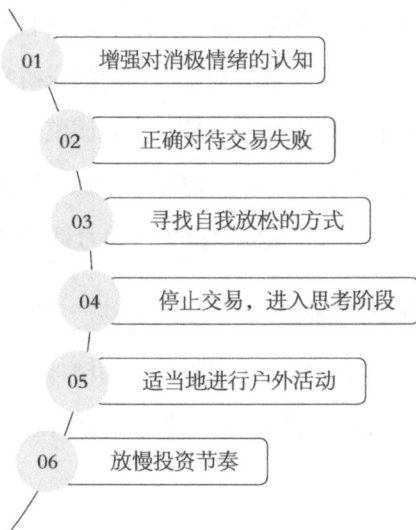

图 7-10　管理消极情绪的方法

1. 增强对消极情绪的认知

外界因素和自身因素都能够对投资者的情绪造成不同程度的影响。也就是说，投资者的消极情绪不仅仅是由外界因素造成的，更可能是由自身因素造成的。投资失败的时候，因自身因素而产生消极情绪的可能性较大，这时的投资者要有正确的自我认知。

2. 正确对待交易失败

投资者应该认识到，自己是一个平凡的投资者，自己设计的交易策略（系统）也必然存在瑕疵。主观情绪和不合理的投资习惯常常会在投资过程中出现，从而影响规则的执行力度。

交易失败时，投资者的做法应该是完善自己的交易策略，尽可能地避免失败，至少尽可能地减少失败，不要有"追求完美"的意识或潜意识，更不要有"自暴自弃""自我否定"的意识或者潜意识。

3. 寻找自我放松的方式

存在较严重的消极交易情绪时，投资者应停止交易，在停止交易的这段时间，可以读一读喜欢的书籍和杂志，分散心思，改变心态，冷静情绪，减少精神痛苦。或者投资者可以听听舒缓的音乐，因为临床研究发现，音乐可以使人体生理系统的震动与音乐的频率趋于一致，从而调整人的生理参数，改变人的情绪。所以，投资者通过听音乐，不仅可以享受到一种美的艺术，还可以陶冶情操、激发热情、兴奋大脑，并从中获得生活的力量和快乐。

4.停止交易，进入思考阶段

经常思考可以使投资者达到一种超越自我的精神境界，也是一种很好的放松方法。只需 5 ~ 10 分钟的时间，投资者就可暂时忘记工作、忘记烦恼，让自己进入一种全新的意境之中。

面对消极情绪，投资者不妨找个清净的地方，用舒服的姿势坐下，抛开股市，专注于自己的一呼一吸。

5.适当地进行户外活动

适当的户外活动对于消极的投资者来说十分必要，投资者可以尝试图 7-11 中的几种方式。

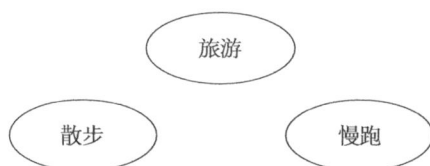

图 7-11　应对消极情绪的户外活动

有消极情绪的投资者不妨每天利用半个小时的时间，暂时脱离压力环境，远离城市中心和人员嘈杂的地方，进行散步或者慢跑，让浮躁和消极的内心得以安静。

如果每天的散步或者慢跑已经足以让投资者感到身心放松，那么就利用短短的数天来一个说走就走的旅行，到大自然中呼吸新鲜的空气，欣赏大自然的美景，彻底放松身心、驱散消极情绪。

6. 放慢投资节奏

放慢生活节奏就是把生活中的速度放慢，吃饭的时候细细品味，开车的时候不要为堵车而烦心，放下手中的工作，喝一杯茶或咖啡，让自己定定神。

正如同放慢生活节奏一样，放慢投资节奏就是指把投资的速度放慢。投资者在投资交易的过程中不要急于"追涨杀跌"，不要急于操作，冷静地思考和计划比快速地操作更有必要。把整个投资交易的节奏放慢下来，投资者的心情也会随之舒缓。

以上 6 种方式是消除消极情绪的方式，希望投资者能够加以理解和运用，因为只有在消除了消极情绪之后，才有可能培养和管理投资者自身的积极情绪。

7.5　管理积极情绪的策略

积极的交易情绪模式的形成不是一蹴而就的，而是一个缓慢而有意义的培养过程，与投资者的情绪管理能力分不开。投资高手的积极情绪模式的培养过程如图 7-12 所示。

```
01  寻找积极的意义
02  交易速度放慢
03  与股市做朋友
04  计划与实施同步
```

图 7-12　积极情绪模式的培养过程

1. 寻找积极的投资意义

从积极心理学的角度出发，积极情绪的产生，不在于投资者的口号，而在于投资者的思维。因为思维能够如实地反映投资者是如何解释目前的情况的，而投资者目前的情况则能够如实地反映投资者的投资目的。

有些投资者抱着冒险的心理，想着在股市中能够"一夜暴富"；有些投资者抱着投机的心理，想着在股市中如何快速出手。但是，投资高手却认为投资是一件长期的事情，培养积极情绪的一个关键途径，就是在日常的投资中更加频繁地寻找积极的投资意义，比如说为了实现自己的投资之梦，或为了做一个专业投资者。

积极情绪源自从坏事情中找到好的方面，源自将消极的事物转变为积极的事物。当然，提高积极情绪的另一种策略是从好事情中寻找有利的方面，将积极的事物变得更加积极。

2. 放慢交易速度

"慢慢走，欣赏啊！"是美学家朱光潜先生在《文艺心理学》缩写本《谈美》中写的一句话。

朱光潜先生年轻的时候在英国和法国留学，当时他的生活陷入窘境，但是朱光潜先生心中依然充满着对美好未来的向往、对生活的期待……他长时间地待在图书馆里，大量阅读，勤奋写作，完成了一系列的著作。

阿尔卑斯山谷中有一条公路，两旁景物极美，路上插着一个标语牌劝告游人："慢慢走，欣赏啊！"许多人在这车如流水马如龙的世界过活，匆匆忙忙地急驰而过，无暇回首流连风景，于是这丰富华丽的世界便成了一个了无生趣的世界。

股市中的投资者应向朱光潜先生学习。如今，生活的步伐毫不停歇，股市投资者越来越多，而真诚面对股市的投资者少之又少。形成积极的交易情绪模式的第一步就是要真正地从内心去感受积极情绪，将手中的投资交易速度放慢，真诚地对待每一次投资。

带着一种真诚的态度去看、去听、去感受股市，而不急于用眼睛、耳朵和思维去盈利。

品味投资，就需要投资者放慢投资的脚步，从当前的经济状况和股市大环境中分析股市有利的一面和不利的一面。在一段时间的投资交易过后，投资者要总结经验，从不利的环境中寻找有利的方面，将消极的事物转变为积极的事物，将积极的事物变得更加积极，并将品味投资变成一个习惯，变成一个良性循环，这样能够使投资者的积极情绪大幅提高。

3. 与股市做朋友

缠论的作者缠师曾说："走势是有生命的，本人说看行情的走势，就如同欣赏一朵花的开放，嗅一朵花的芬芳，看一朵花的美丽，一切都自当下中灿烂。股票走势确实有着如花一般的生命特征，走势确实在自相似性、自组性中发芽、生长、绽放和凋败。"

K 线图不是毫无生命的一根根柱子，走势不是冷冰冰的线条和数据，它们都体现出了市场的情绪。而投资者要做的就是与股市做朋友，从 K 线图开始，一步一步地去了解、去感受股市，像对待朋友一样真诚地面对股市，这是提高积极情绪的一个非常有效的方法。

4. 计划与实施同步

一些投资者在进行股票买卖的实战操作时会制订投资计划，但是在制订了计划之后，却经常出现"知道应该这样做，但却并没有这样做""交易失败之后才后悔没有按照投资计划去操作"的情况。

正是因为投资者没有将投资计划与实施同步进行，上述两种情况才会发生。投资高手的情绪往往较稳定，并能够在每一阶段中做好周密的操作计划，保持冷静、理智的分析能力。

投资者不要因过去的失败徒增烦恼，也不要为将来的行情忧心忡忡。因为过去的交易已经过去，我们不能扭转时空，未来的交易我们也无法预测，所以我们能够把握的就是当下的交易。

认真识别当下的交易情况，按照盈利模式，做好当下的操作才是投资者最明智的选择。

下篇

心理 + 资金管理 + 技术 = 完美交易

交易信念屏蔽负面信息和负面心态

技术策略分析 + 资金管理 + 交易心智，能击败所有玩家

交易系统的装备升级

第 8 章
交易信念屏蔽负面信息和负面心态

> 如果你没有做好承受痛苦的准备，那就离开股市吧，别指望在股市成为
> 常胜将军。
>
> ——乔治·索罗斯

被市场主力摧毁的投资者，往往缺少稳定的交易信念；没有被市场主力摧毁的投资者，往往拥有自己的交易信念和交易态度。

8.1 交易信念打败内心的恐惧

沃伦·巴菲特曾说："不要做别人，要做你自己。听从自己内心的召唤，寻找自己独一无二的理想，引领自己的一生。"

这种内心的召唤是什么？笔者认为是交易信念。

有的投资者告诉笔者："我投资股票很多年了，但是交易股票时总会出现犹豫不决、徘徊不定的状态。上次我选的一只股票出现了一点亏损，再加上朋友们纷纷卖出清仓，我也犹犹豫豫地跟风卖出了，结果卖出后两天，股价开始大涨。我总是没有耐心去思考，结果往往就是输给市场主力。"

还有的投资者向笔者抱怨，他们在进行交易时总会频繁地问自己某个问题，甚至这个问题都快要成为口头禅了，在处理其他事情的时候也会脱口而出，比如，"我现在是否应该进行操作""我是否应该继续采用效果不是特别理想的交易方法"。

这些问题代表了大部分个人投资者的状态，笔者把这些问题归结为以下两点，如图 8-1 所示。

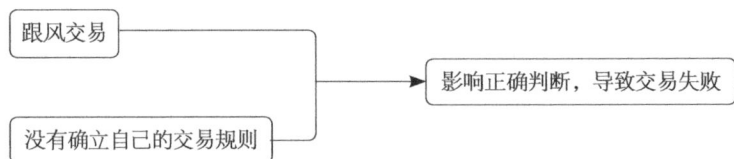

图 8-1 投资者的常见问题

笔者认为出现这些问题归根结底是投资者没有自己的交易信念。

在股市交易中，短期获利是会时常发生的，这种获利的原因可以归结为投资者拥有较高的技术水平或较幸运，但若没有交易信念，就没有办法长期获利，甚至会让自己产生痛苦的情绪和严重的挫败感。从图 8-2 中可以看出投资者缺失交易信念对投资交易产生的影响和后果。

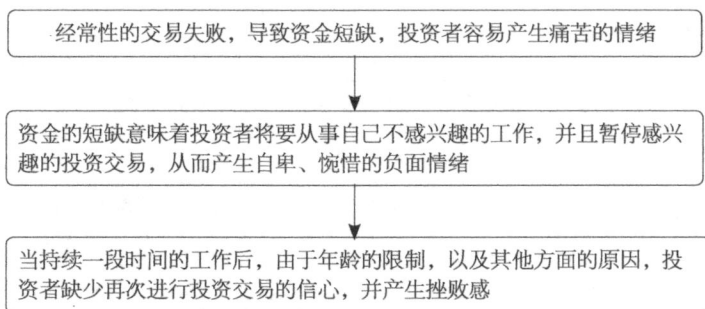

经常性的交易失败，导致资金短缺，投资者容易产生痛苦的情绪

资金的短缺意味着投资者将要从事自己不感兴趣的工作，并且暂停感兴趣的投资交易，从而产生自卑、惋惜的负面情绪

当持续一段时间的工作后，由于年龄的限制，以及其他方面的原因，投资者缺少再次进行投资交易的信心，并产生挫败感

图 8-2　交易信念缺失的后果

一些较为成功的投资者大多数都拥有自己的交易信念。笔者曾经问过一个成功的投资者，交易信念到底带给了他怎样的帮助，他的回答可以总结为图 8-3 中的 3 点。

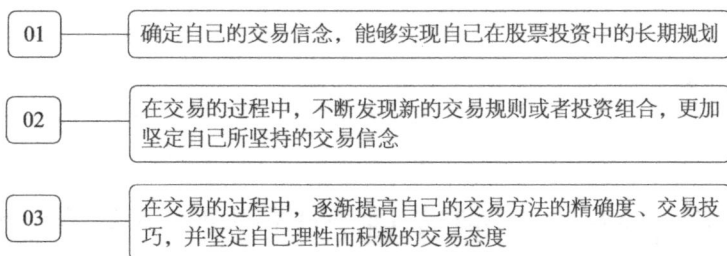

01　确定自己的交易信念，能够实现自己在股票投资中的长期规划

02　在交易的过程中，不断发现新的交易规则或者投资组合，更加坚定自己所坚持的交易信念

03　在交易的过程中，逐渐提高自己的交易方法的精确度、交易技巧，并坚定自己理性而积极的交易态度

图 8-3　交易信念带来的帮助

通过对成功投资者的分析总结，可以提炼出两个核心点：第一个是交易信念，投资者确立了交易信念之后，就可以在今后的交易中发现新的交易规则，也可以发现新的投资组合，这样一来，既提高了自己的交易方法，又发现了新的投资对象；第二个是交易态度，也正是因为拥有坚定的交易信念，投资者才能有效地提高自己的交易方法的精确度，既获得了收益，又带来了积极的交易态度。

投资者的交易成功少不了交易信念和交易态度。被市场主力摧毁的投资者，可能是没有树立正确的交易态度，也可能是缺少稳定的交易信念。没有被市场主力摧毁的投资者，往往拥有自己的交易信念和交易态度。

投资者拥有了自己的交易信念和交易态度之后，交易也变得容易起来，如图 8-4 所示。

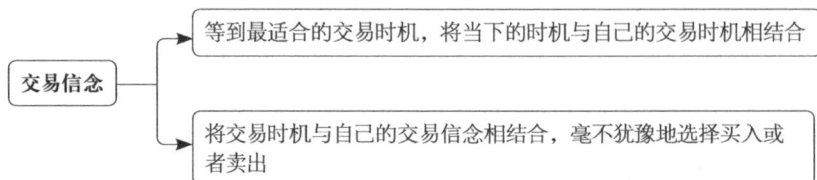

```
交易信念 ─┬─→ [ 等到最适合的交易时机，将当下的时机与自己的交易时机相结合 ]
          └─→ [ 将交易时机与自己的交易信念相结合，毫不犹豫地选择买入或者卖出 ]
```

图 8-4　交易信念的帮助

投资者有了交易信念后，一旦选择了买入或者卖出，股票市场上传播的信息或者其他投资者发布的信息都不能够阻止此次交易。同时，投资者也就没有了在每次交易之前频繁地问自己"是否应该采用效果不理想的交易规则"等类似的问题了。那么如何才能确立自己的交易信念呢？笔者将在 8.2 节中进行详细介绍。

8.2　优中择优，确立适合自己的交易信念

在确立自己的交易信念前，投资者需要先了解交易信念的作用，交易信念的作用如图 8-5 所示。

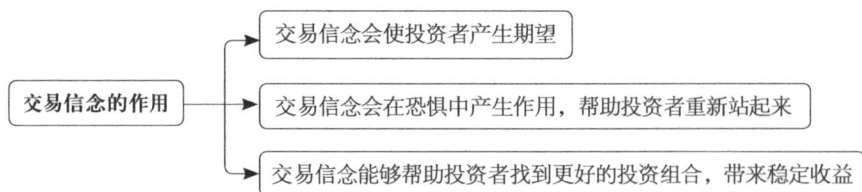

```
交易信念的作用 ─┬─→ [ 交易信念会使投资者产生期望 ]
                ├─→ [ 交易信念会在恐惧中产生作用，帮助投资者重新站起来 ]
                └─→ [ 交易信念能够帮助投资者找到更好的投资组合，带来稳定收益 ]
```

图 8-5　交易信念的作用

可以说，交易信念是每个投资者都不可或缺的，交易信念对于股票交易有不可抗拒的力量和作用。这就是为什么有些投资者在投资的初期不谈"交易信念"这 4 个字，甚至对这 4 个字不屑一顾，而在投资进行了一段时间之后，却又提出来。交易信念会使得投资者对股票交易产生期望，有了期望之后投资者便会付诸行动。

当投资者经历了前几次的失败之后，能够刺激他站起来的可能是亏掉的钱，也可能是不服输的精神；而当投资者经历了数十次失败之后，能够帮助他重新站起来的是"交易信念"。

投资者有了"期望"之后，有时就会将市场的信息解读为具有威胁性，而这种威胁性会被投资者放大，从而产生恐惧的心理。即使投资者知道这种恐惧可能会与本有的信念产生冲突，也还是会不受控制地受到市场信息的威胁。这时能够打败恐惧的就是投资者坚定的交易信念。如何确立自己的交易信念呢？通过以下 4 个步骤可以确立交易信念。

第一，正确认识交易信念，信念是会不断发挥作用的，信念会对认知和行为发挥重要作用。

第二，认识自身的弱点，懂得股市投资交易过程中的"攻心为上"，克服内心的"贪"和"怕"。在树立交易信念时，先对自己进行一个评估，为自己制定一个合理的"期望"。

第三，系统地学习交易知识，如图 8-6 所示。

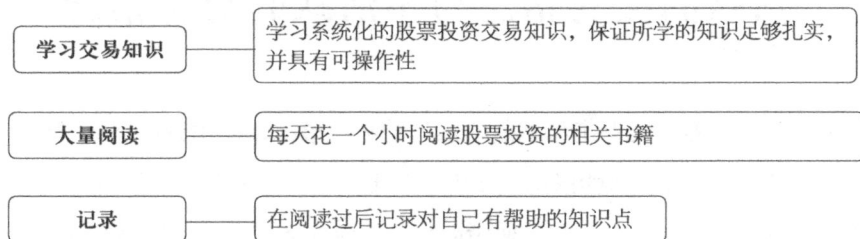

学习交易知识	学习系统化的股票投资交易知识，保证所学的知识足够扎实，并具有可操作性
大量阅读	每天花一个小时阅读股票投资的相关书籍
记录	在阅读过后记录对自己有帮助的知识点

图 8-6　交易知识的系统学习

第四，确立交易信念，如图 8-7 所示。

> 制定能够激发积极信念的交易规则,从最简单的交易操作开始,逐渐过渡到难度较大的交易操作

> 从每次实行的交易中寻找自己成功的原因,从成功的原因中确立自己的交易信念

图 8-7　确立交易信念

第五,优中择优,选出能够进行长期投资的交易信念,如图 8-8 所示。可以说,选择交易信念是一个耗费时间的过程,但却能为今后的投资交易带来实质性的帮助。

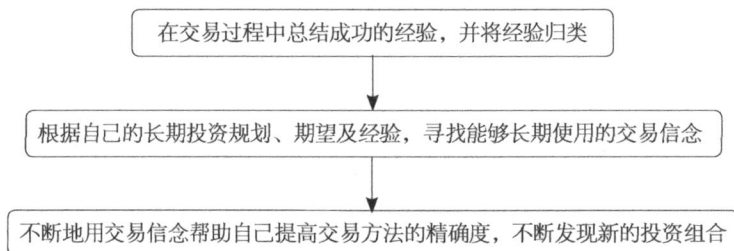

> 在交易过程中总结成功的经验,并将经验归类

> 根据自己的长期投资规划、期望及经验,寻找能够长期使用的交易信念

> 不断地用交易信念帮助自己提高交易方法的精确度,不断发现新的投资组合

图 8-8　选择交易信念

虽然确立交易信念是一个烦琐的过程,但是却能够为今后的投资交易带来巨大的帮助。正所谓"工欲善其事,必先利其器",投资技术是一个硬工具,交易信念更是一个不可忽视的软工具。

8.3　活跃的交易信念与不活跃的交易信念

从本质上来看,股票走势就是一系列的涨跌形态,技术分析把这种形态当成优势。任何被当成优势的形态只能表示股市向某一个方向波动的概率比较高,而不具有优势的形态也只能表示股市向某一个方向波动的概率比较低。

然而不管股市波动的概率如何,股市走势中的每一种形态、每一种走势都是独一无二的。不同的形态看起来或测量起来可能完全相同,但是其本质或者

真实状况都不尽相同，不相同的原因是股市中的投资者的交易信念不同，这使得投资者做出不同的交易决策。

8.3.1 两种交易信念

交易心态可能会随着股市的变化而发生变化，进而导致投资交易变成循环性质的进场、出场、获利、止损、加码或减码的机会流程。

股市所产生的涨跌形态没有正面或负面的能量，但是，因为投资者心中具有能量，两者通过相似性的联系，形成交易心态，交易心态一旦形成，就容易动摇交易信念。

交易信念也具有能量，如图 8-9 所示。

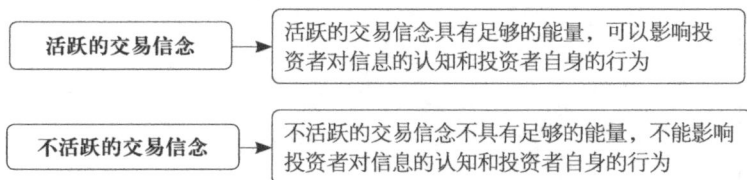

| 活跃的交易信念 | → | 活跃的交易信念具有足够的能量，可以影响投资者对信息的认知和投资者自身的行为 |
| 不活跃的交易信念 | → | 不活跃的交易信念不具有足够的能量，不能影响投资者对信息的认知和投资者自身的行为 |

图 8-9　两种交易信念

对于投资者的交易信念而言，其能量也是守恒的，当股市中发生了股价上涨或者下跌的相关事件时，这些事件便能够引发投资者心中的交易信念。活跃的交易信念具有某种感知的特性，当出现对股市不利的消息时，活跃的交易信念会为投资者进行争辩和辩护，而不活跃的交易信念则不会行动。

但是，活跃的交易信念是如何被表达出来的呢？分为图 8-10 中的两种情况。

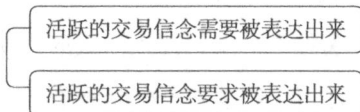

| 活跃的交易信念需要被表达出来 |
| 活跃的交易信念要求被表达出来 |

图 8-10　活跃的交易信念

区分活跃的交易信念需要被表达出来与活跃的交易信念要求被表达出来的

关键就是，投资者是否主动运用了交易信念。如果投资者面对的是一个股价正在下跌的股市，那么投资者的交易信念就要求被表达出来，需要投资者及时止损。如果投资者面对的是一个股价即将下跌的股市，那么投资者的交易信念就需要被表达出来，投资者应先分析当下的股市情况，再做决定。

8.3.2 交易信念具有能量守恒定律

无论是活跃的交易信念还是不活跃的交易信念，其能量都是守恒的。正确的方法不是消除不活跃的交易信念，而是将不活跃的交易信念的能量抽取出来，注入到活跃的交易信念中，使活跃的交易信念发挥最大的效用，如图 8-11 所示。

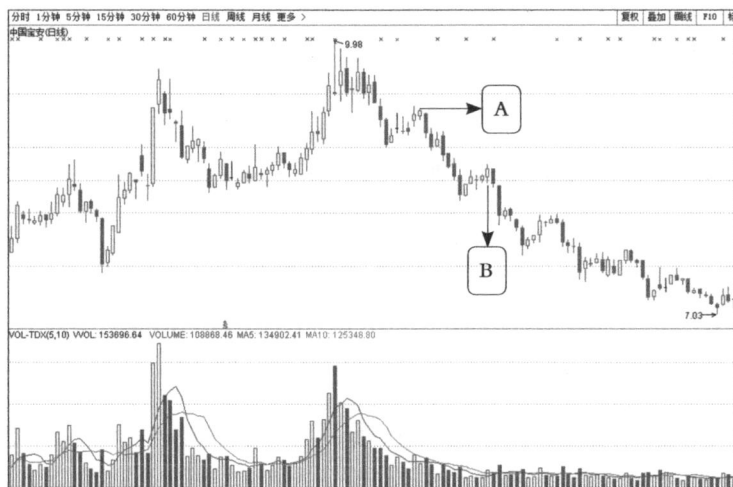

图 8-11　能量守恒定律在交易中的体现

股价处于 A 点的时候，不活跃的交易信念的能量充足，发挥着作用，让投资者认为不用及时清仓。而当股价从 A 点下跌至 B 点的时候，投资者需要将不活跃的交易信念中的能量抽取出来，注入活跃的交易信念中，使得活跃的交易信念能量充足，并发挥作用，让投资者在 B 点处及时清仓。

也就是说，在 B 点的时候，活跃的信念要求被表达出来，给予投资者正确的判断。

8.4　利空消息袭来时，交易信念开始启动

交易赢家认为交易信念在股市投资交易中的地位是最高的。交易信念是交易的灵魂，能够让交易赢家在股市大涨与大跌的不稳定的环境下生存。

反过来说，交易赢家之所以能够成为"赢家"，是因为他们拥有交易信念。这使他们能够在所持仓位暴跌时不慌乱，在所持仓位突然大跌达到止损位时果断清仓出局。

因此，在利空消息来临的时候，交易赢家的信念便开始启动。启动的具体步骤，如图 8-12 所示。

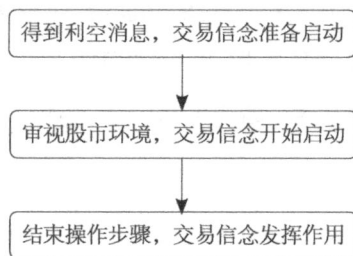

得到利空消息，交易信念准备启动

审视股市环境，交易信念开始启动

结束操作步骤，交易信念发挥作用

图 8-12　交易信念的启动步骤

这里，具体以图 8-13 为例进行分析。

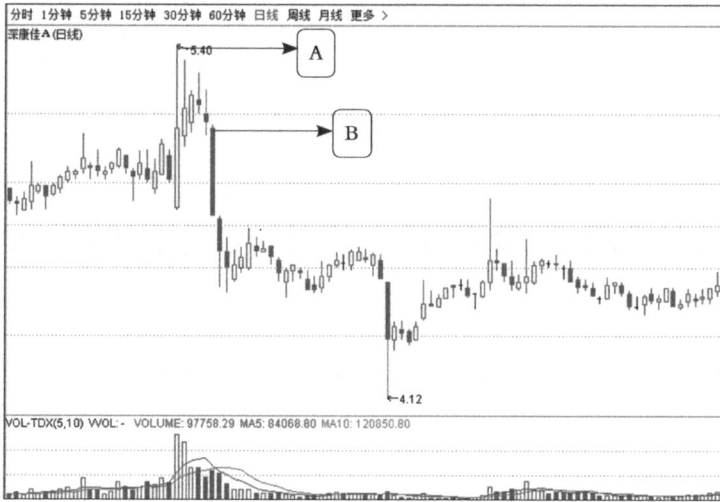

图 8-13 活跃的交易信念与不活跃的交易信念博弈

当股价上涨至最高点 A 点时，股市中的利空消息得到确认，投资者大脑中的交易信念即将发出信号。当股价从 A 点下跌至 B 点的时候，交易信念将配合股市环境为投资者发出止损的信号。如果交易信念不能够配合股市环境发出信号，那么投资者就不知道要采取哪些正确的操作步骤，从而导致出错的概率提高。信号一旦发出，投资者会进行短暂的思考，思考过后，投资者便能够及时地做出清仓或者止损的操作，防止失利。

★用思维导图确立交易信念

说到思维导图就不得不提到东尼·博赞，因为东尼·博赞于 20 世纪 70 年代发明了思维导图。

东尼·博赞为了强化记忆，用不同颜色的笔在笔记上做标记：下划线、着重符号、圈或者框。

东尼·博赞上大学后，注意到了善于思辨的希腊人的一种记忆体系：引入想象和联想。在此基础之上，经过不断的演练和创新，东尼·博赞发明了这种简单有效的思维导图。后来经过不断地丰富和提炼，思维导图的种类变得更加丰富，如圆圈图、气泡图、双重气泡图、树形图、括号图、流程图、复流程图、桥型图等。

这些思维导图能够调动左脑的逻辑、顺序、条例、文字、数字以及右脑的图像、想象、颜色、空间、整体思维，使大脑潜能得到最充分的开发，最大限度地发掘人的记忆、创造、身体、语言、精神、社交等各方面的潜能。

借鉴东尼·博赞发明的思维导图，投资者可以用思维导图的方式确立交易信念，如图 8-14 所示。

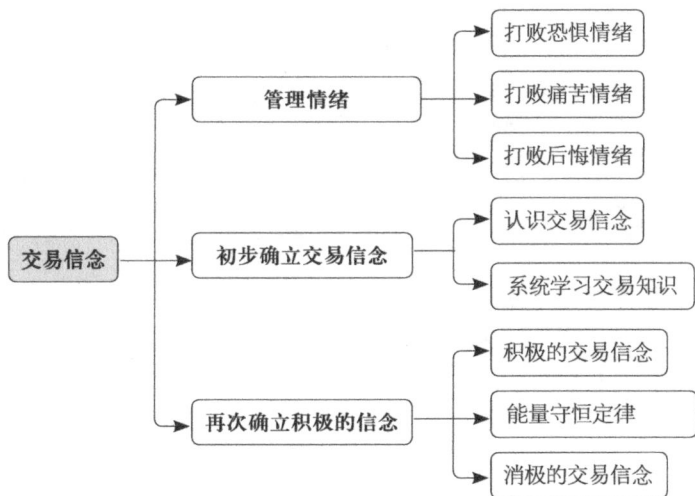

图 8-14　确立交易信念的思维导图

除了图 8-14 中的思维导图，投资者还可以选择不同类型的、适合自己的思维导图确立交易信念。

第9章
技术策略分析 + 资金管理 + 交易心智，
能击败所有玩家

不要懵懵懂懂地任意买股票，要在投资前扎实地做一些功课，才能成功。

——威廉·欧奈尔

具备技术策略分析 + 资金管理 + 交易心智的投资者往往是少数中的少数。

从"技术策略 + 资金管理 + 交易心智"的角度来说，技术策略最后往往会被提炼成交易系统，资金管理是投资者必须学习的内容，而交易心智就靠平时的磨炼来提高。但是，在"技术策略 + 资金管理 + 交易心智"中，无论是先学习或磨炼哪一个，都不能取得成功，只有"技术策略分析 + 资金管理 + 交易心智"都具备了，投资者才能在股市中大获全胜。

9.1 最稳固的资金管理

对于打算以投资交易为生的投资者来说，除了要拥有高超的交易技巧和策略外，资金管理也是非常重要的一个方面。甚至在某种意义上，资金管理比交易技巧和策略更为重要。好的资金管理策略并不一定会帮助投资者快速获取暴利，但是能够让投资者的账户"健康长寿"。

进行资金的有效配置与管理，是投资者必须具备的重要理念，更是一个良好的投资习惯。资金管理得好，即使只有 40% 的看对概率，也可获得不错的收益；资金管理得不好，即使有 60% 以上的看对概率，最终也将亏损。资金管理的好与坏，直接关系着最终的盈利与亏损。

具体来说，资金的管理与配置包含图 9-1 中的几个方面。

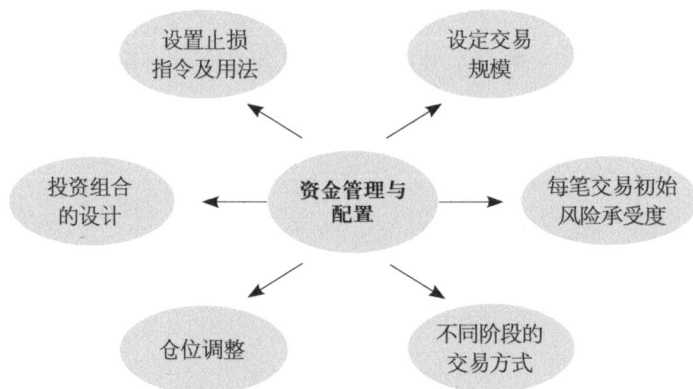

图 9-1 资金的管理与配置

在实际投资交易的过程中，资金的管理与配置涉及的内容远多于以上几个方面。

之前的操作无论多么顺利，一旦在此后的任何一次操作中遭遇重创，那么在没有追加资金的情况下，弥补亏损会变得相当困难。若是弥补不了亏损，则会带给投资者一大重击。在实际操作中，对资金进行管理与配置有助于投资者进行理性的操作，减少犯错误的频率。

9.1.1　风险控制

笔者认为资金管理的重要性体现在应对风险上。亏损是大部分投资者都会经历的过程。出现一定幅度的亏损后，投资者要想回到盈亏平衡点，就意味着要出现更大程度的涨幅，投资者应有策略地运用资金来应对风险，如图 9-2 所示。

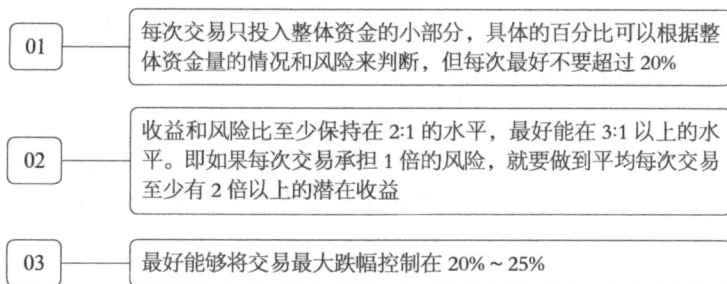

图 9-2　投资者应对风险的策略

交易赢家比普通投资者更加注重对损失和风险的控制。只有做好了对风险的控制，才能更进一步对损失进行控制，最终才能打下长期盈利的坚实基础。

前面已经讲了如何止损，在这里侧重介绍投资者如何对风险进行控制。若亏损幅度达到 50%，投资者要想重新回到盈亏平衡点，就需要 100% 的涨幅。但若遭遇连续的亏损，投资者就要主动停止交易，重新评估市场环境和交易的方法。因为遭遇连续的亏损后，无论损失的大小，股票市场在某种程度上一定发生了某种变化，投资者即使看不见这种变化，也应该能够察觉到原来判断市场和价格的基础可能已不复存在了。所以，连续遭遇亏损之后，投资者应该立刻停止交易，冷静地、客观地研究亏损的原因。

同时，还要关注因亏损产生的心理影响，毕竟没有投资者喜欢亏损。但是对于亏损，每个投资者的反应又是不一样的，唯一的办法就是增强心理素质，今后更谨慎地看待风险。

9.1.2　止损金额设定

任何投资都有风险，及时止损、理性止损是资金管理的重要内容，也是投资者必须掌握的技术。资金管理中的止损既是投资的技术，也是心性的练习。在不断的磨炼中，投资者对止损技术的应用会越来越熟练、得当。

（1）2%的规则，就是在任何单次交易中亏损必须控制在账户资金的2%以内。举个例子：账户资金为20 000美元，则应将亏损控制在20 000×2%=400美元以内。一旦将亏损控制在了账户资金的2%以内，股价下跌时，投资者就不必那么紧张了。

（2）6%的规则，就是在当月的交易过程中，一旦账户总损失达到了账户资金的6%，就必须停止交易。举个例子：账户资金为20 000美元，账户总损失一旦达到20 000×6%=1 200美元，就立即停止交易。

希望投资者都能够遵守这个规则。

（3）5%的规则，这个规则与6%的规则不同，这里的5%主要是指投资者单笔最大亏损小于总资金的5%。举个例子：账户资金为20 000美元，将单笔最大亏损控制在20 000×5%=1 000美元以内。单笔最大亏损控制在5%以内，可以让投资者在其他交易中有一个回旋的余地，不至于这一笔交易就将所有的资金都赔了进去。

9.1.3　零成本管理

投资的最终目的不是股票本身，而是资金，没收回资金，一切都没意义。在投资过程中，对资金的任何疏忽，都会造成不可挽回的损失。无论多大的资金，在市场中都不算什么，而且资金是按比例损失的，一万亿元和一万元，变成 0 元的速度是一样的。也就是说投资者无论持有多少资金，亏损时都很有可能瞬间变成零资本。所以，在股市中，永远保持最高的警觉是资金管理最重要的一点。

一个最简单又最有效的资金管理方法就是，在持股成本为 0 之前，把成本变为 0，这样原来投入的资金就全部收回来了；在成本变成 0 之后，就要"挣"股票，直到股价到达历史性大顶再卖出。

很多投资者都会有这样的投资习惯：在股价不断上涨的时候，就开始不断加仓。这样做的结果多数是被套牢。

对于一只股票，投资者要有足够的信心进行一次性买入，尽量不要后续加仓。当股价开始上涨后，一定要找机会把股票的持有成本变成 0，除了中途利用小级别不断获取短差外，还要在股票达到 1 倍升幅附近找一个大级别的卖点卖出部分股票，把成本降为 0。

若股票价格还要上涨 10 倍，该如何处理呢？处理方法如图 9-3 所示。

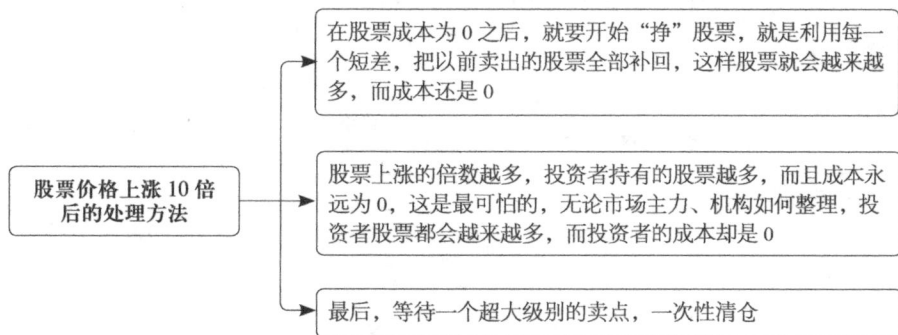

图 9-3　股票价格上涨 10 倍后的处理方法

因为成本是 0，所以投资者也就不用害怕股价下跌。

上述的零成本持股的方法就是资金管理中最大的原则，按照这一原则，投资者不仅可以进行最安全的操作，还可以获得最大的利润。

特别是在"挣"股票的阶段，一般一只股票的盘整时间都占整个行情的一半以上，如果一只股票在上涨后出现大型盘整，则只要超大级别卖点没出现，这个盘整不仅会让投资者把抛掉的股票全挣回来，而且比底部的数量还要多，甚至多很多。

一旦股票行情再次启动，投资者就拥有很多低价但成本为零的股票，这些股票才是最大的黑马，也是最大的利器。一个合理的持仓结构就是拥有越来越多的零成本股票，一直持有到大级别上涨结束以后，才把所有股票清仓。而资金就可以不断投入股市中，增加股票种类。这种操作策略可以让投资者持续地活跃在股市当中，然而操作的资金不会增加，这样才会有一个稳固的资金管理基础。

9.2　面对主升浪的来临，该如何镇定自若

股票投资理论，基本上分为两种，一种是技术分析，另一种是价值分析，如图9-4所示。

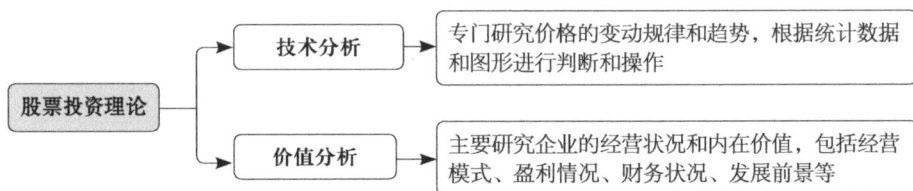

图9-4　股票投资理论

技术分析认为市场行为包容且消化一切信息、价格以趋势的方式波动、历史会重演，侧重研究股票K线图上的各种图形和指标。技术分析在应用中衍生出了很多理论，如道氏理论、艾略特波浪理论、江恩理论、缠论等。

关于各个技术流派，众说纷纭，孰强孰弱很难有最终的定论。笔者在交易过程中最喜欢用波浪理论和缠论。缠论比较复杂难懂，需要用一本书的篇幅才

能讲清楚，感兴趣的读者可以买缠论相关的书来研究。波浪理论比较简单，易于理解和使用，在这里侧重介绍波浪理论。

波浪理论认为市场走势不断重复 1 种模式，每 1 个周期由 5 个上升浪和 3 个下跌浪组成。股价顺主趋势而行时，按照五波的顺序波动，逆主趋势而行时，则按照三波的顺序波动。

在股票市场里永远不会有一个完美的操作模式，投资者要做的就是跟随市场的节奏，把握每一个主升浪的来临。

主升浪，即市场主力建仓完毕后，突破建仓成本区时，将股价拉升到一定高度的过程，如图 9-5 所示，这个浪形的中间是上涨速度最快的一个阶段，当然也是获利最快的一个阶段。

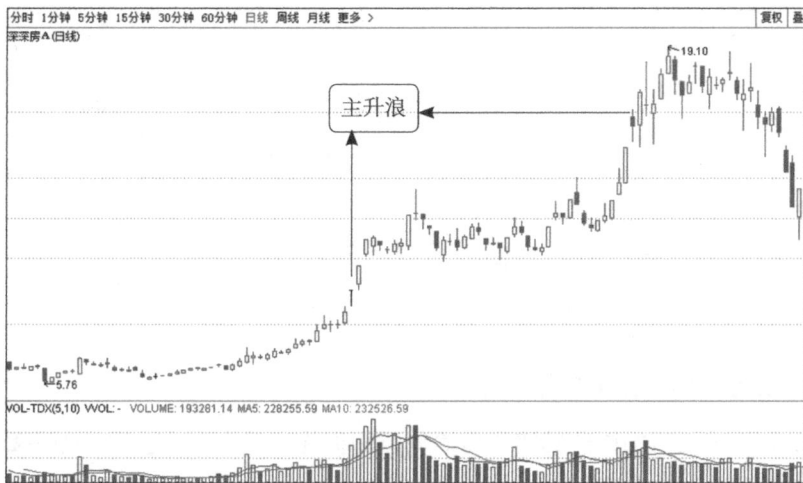

图 9-5　主升浪

严格来说，主升浪是上升五浪中的第三浪的第三小浪，如图 9-6 所示，俗称"三浪 3"。

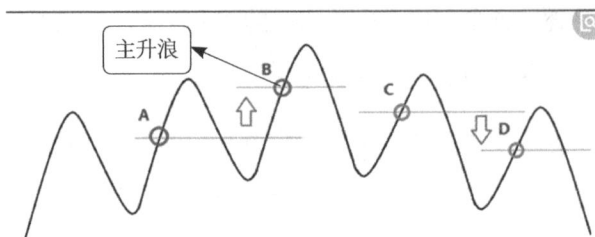

图9-6　三浪3

但现在把某只股票上涨时的最大一浪也叫作"主升浪"。股市中，市场主力经过吸筹、整理、抬高股价，突破成本区后大幅拉升股价的一段行情就是主升浪行情，最后的一小段上涨（或高位横盘）一般就是市场主力大量卖出股票的阶段。

那么，主升浪来临时，投资者该如何操作呢？投资者的操作策略如图9-7所示。

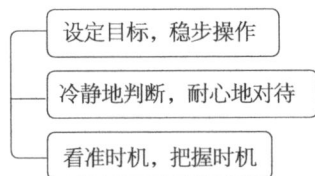

图9-7　主升浪中投资者的操作策略

1.设定目标，稳步操作

主升浪来临时的操作其实非常简单，即抓住一只主升的股票。但多数投资者会受不了主升浪里的震荡，因为震荡幅度比较大，量也比较大，所以不少投资者在这个阶段总是抓不住股票，往往刚刚卖出，股价就飞涨起来了。

正确的做法是，投资者若判断某只股票走进主升浪，就要给这只股票设定目标，不到目标不卖出。一旦股票走出主升浪，股票价格一般会涨到成本区的80%以上，甚至有的一口气翻倍，盘整后又翻倍。

2.冷静地判断，耐心地对待

主升浪的形态往往会给投资者一种股票涨得很高的感觉。但是，股市中有很多投资者"恐高"，不敢追逐这样的股票，而且盘中经常会出现整理的动作，缺乏耐心的投资者，往往会被震出场外。主升浪的形态如图 9-8 所示。

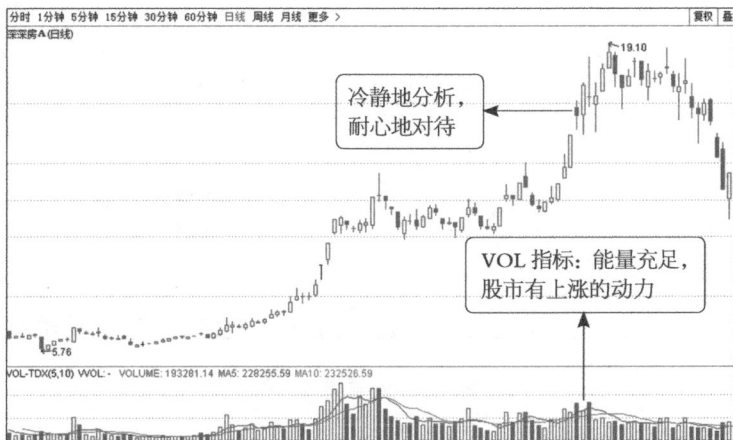

图 9-8　主升浪的形态

VOL 是成交量指标，成交量是指个股或大盘的成交总手数，用一根立式的柱子来表示，如当天收盘价高于前一交易日收盘价，成交柱呈红色；反之，成交柱呈绿色。绿柱表示当天收盘指数是下跌的，红柱表示当天收盘指数是上涨的。通过 VOL 指标可以看出股市有上涨的动力，投资者需要耐心地等待。

3. 看准时机，把握时机

主升浪是波段操作最主要的阶段，在整个波段中，投资者除了需要冷静判断当前的走势，耐心地对股市中的每一个动态进行分析之外，还要把握时机。图 9-9 所示为 B 点清仓机会。

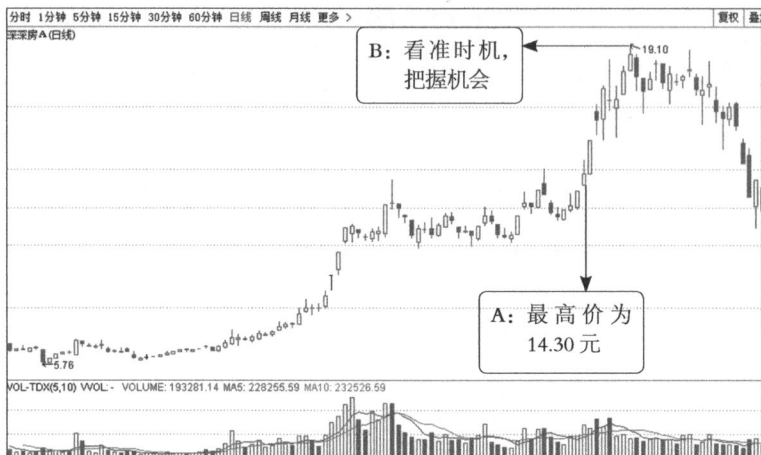

图 9-9　B 点清仓机会

如图 9-9 所示，股价从 A 点的 14.30 元，上涨至 B 点的 19.10 元，这期间，股价上涨了 4.80 元，可谓是上涨至最高处。此时主升浪的获利空间最大，获利速度最快，投资者要时刻关注股市，把握住在 B 点清仓的机会。

主升浪中往往伴随着持续放大的成交量和高换手率，快要结束的时候，往往会形成价升量减的背离现象。如果这个现象连续出现两天，投资者就要小心了。

9.3　主跌浪来了，把控获利机会

股市中某只股票的形态，本质上就是多空在一定区间内反复争夺波段的过程。在这一过程结束前，多空争夺未分胜负，但越趋尾声，胜负越趋分明。主升浪过去后，即将迎来的就是股市的大幅下跌，即主跌浪，如图 9-10 所示。

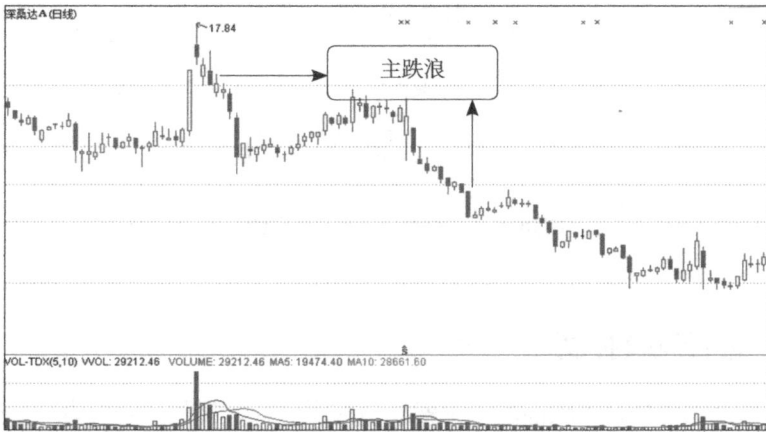

图 9-10　主跌浪

如图 9-10 所示，主跌浪出现在了股市的最高点 17.84 元之后，这意味着股市空方的力量大于股市多方的力量。

严格来说，主跌浪是下跌趋势中下跌速度最快、短期内跌幅最大、最具爆发力的一段，是占据压倒性优势地位的空头做空能量的集中喷发。它是多空力量对比完全失衡、空方取得压倒性胜利的产物，如图 9-11 所示。

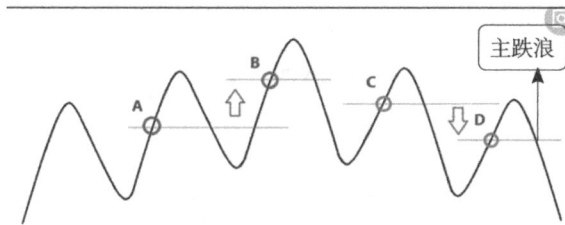

图 9-11　主跌浪的形态

自股票市场诞生以来，每时每刻都有一些股票处于主跌浪中，但是也有一些股票走出主跌浪，可以说主跌浪出现的频率是很高的。很多投资者都遇见过主跌浪，面对主跌浪时，投资者要么没有掌握在熊市中获利的交易技术，要么缺乏必要的心理素质。

主跌浪来临时，投资者该如何把握获利机会呢？投资者的投资策略如图 9-12 所示。

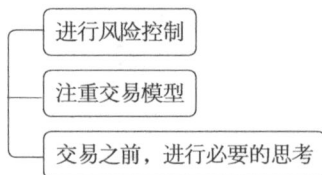

图 9-12　主跌浪中投资者的投资策略

9.3.1　进行风险控制

不可否认的是，主跌浪的力量就如同雪崩一样，极具"杀伤力"。投资者若把握不好当前股市所处的阶段，则可以采取对应的风控措施来应对。风险控制的方法在 9.1 节中进行了讲解，投资者只需要将其进行灵活运用。

9.3.2　注重交易模型

在主跌浪来临之前，投资者需要检查一下自己的交易模型是否合理。交易模型也就是投资者的交易策略和思维策略的结合体，图 9-13 中有 3 种不同的交易模型。

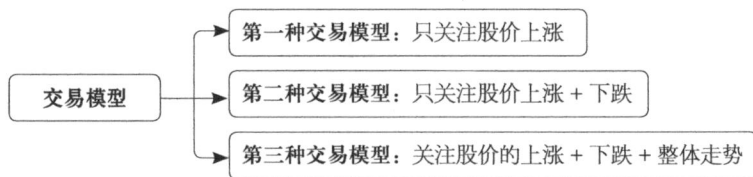

图 9-13　交易模型

（1）图 9-14 所示为短线获利机会。第一种交易模型的投资者只关注股价的上涨，也就是说只抓住该股票价格的最高点，并在该股票价格的最高点 109.87 元处卖出，把握住了主跌浪来临之前的短线获利机会。

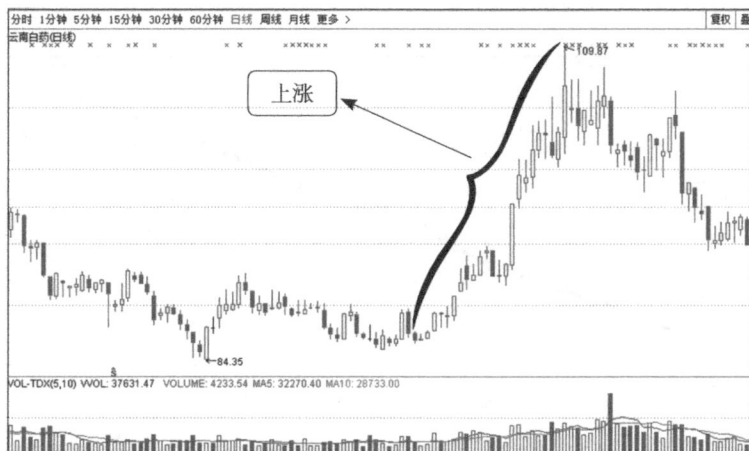

图 9-14　短线获利机会

（2）图 9-15 所示为中短线获利机会。第二种交易模型的投资者除了关注股价的上涨之外，还关注了股价的下跌，把握住该股票价格的最低点 84.35 元，在此进行建仓；随后等到股价上涨至最高点 109.87 元之后，在该处进行清仓，把握住了主跌浪来临之前的中短线获利机会。

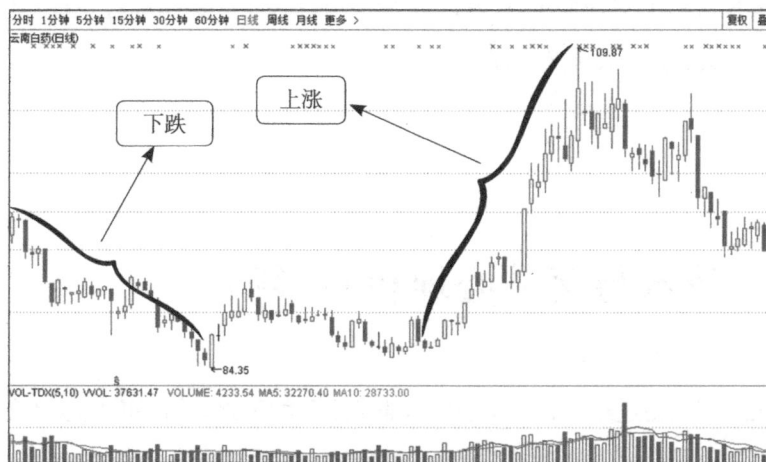

图 9-15　中短线获利机会

（3）与第一种交易模型的投资者和第二种交易模型的投资者不同的是，第三种交易模型的投资者除了关注股票的上涨和下跌之外，还关注股票的整体走势，关于股票的整体走势，如图 9-16 所示。

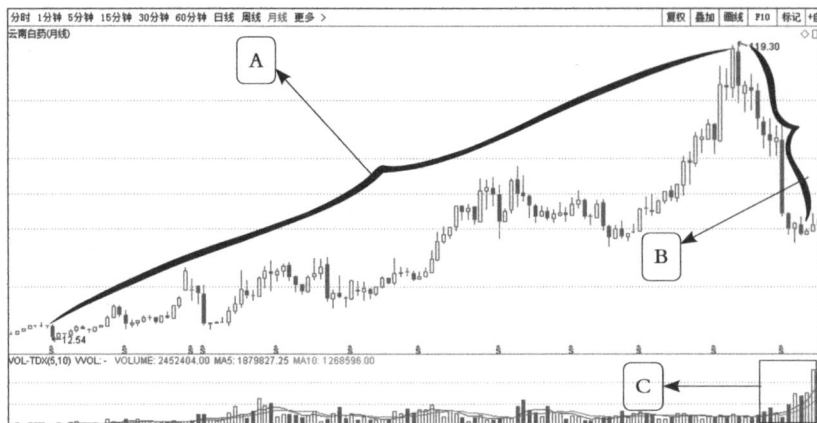

图 9-16　股票整体走势

股票的 A 段走势是一个整体向上的走势，从该段走势中看，虽出现了部分小波段的下跌和上涨，但总体是上涨的。

随后，该股票的 B 段走势是一个下跌走势。

从 B 段后期对应股票的 VOL 指标中可以看出，该指标红色柱体增多，预示着该股票有进一步上涨之势。

9.4　技术与交易心理相互影响

在股市交易过程中，交易心理是非常重要的因素。如果说技术是交易硬件，那么交易心理便是交易软件，二者互相影响，缺一不可。投资者的交易心理在股票交易的过程中十分重要，如果找不到影响交易心理的根本原因，是很难改善交易心理的。

技术与交易心理相互影响，在此笔者把常见的交易心理问题罗列出来，并提供相应的对策供投资者参考，如表 9-1 所示。

表 9-1 交易心理问题与对策

交易过程	交易心理问题	对策
开始交易时	担心这次买进来会跌	设定止损点位，每次交易损失达到总资金的 5% 就卖出股票，坚决执行
出现亏损时	有了止损点位，就不用担心跌了，此时担心的是不能获利，而且连续止损个七八回，本金也赔进去一大半了，只见止损不见盈利是这时最担心的	提高操作成功率，去寻找波动的临界转向点，即波动最大可能会按当前趋势运行一段时间的一些进入点
止损成功时	提高了成功率，不用担心连续止损了，此时就开始担心盈利少，特别是错过大行情。手续费加上止损的两头差价，止损一次的代价比理论计算得要高，所以盈利时利润不够，仍然不足以弥补损失，或者利润微小，无法肯定能长久获利	试着在获利时让盈利扩大，如果能抓住大波动，那么小止损也伤不了几根毫发
由盈利转为亏损时	学会等待，开始成功抓住了一些大波动，不怕盈利少了，但同时也出现了更多的由等待而造成的转盈为亏的交易。这些亏损交易不仅影响心情，而且浪费时间和精力，对整体交易成效也有明显的副作用	使用 "不让盈利转为亏损" 的格言，当盈利头寸跌回买入价格附近时平仓
止损错过大行情时	损失的交易少了，但因为打平出局而错过的大行情也多了，综合一比较，似乎还不如不止损，在大波动中一博	放弃 "不让盈利转为亏损" 的格言，改为用止损来博大波动。进一步研究改善止损点位的设置，同时找出由盈利转为跌破买入价但仍然可以继续等待的一些条件
当有了交易经验并能盈利时	具体问题大都解决了，接下来担心的就是自己这套方法到底能管多久	将自己的交易系统实施在过去 10 年的历史图上，通过模拟实验来验证修改。用系统做 50 次以上的交易，以达到能不受市场干扰、稳定执行系统的程度
交易总体实现盈利时	系统可以稳定执行了，总的交易成果从统计上来说是盈利的，这时不担心一次交易的成果如何，并且具有在整体上的必胜信心。但仍然有新的问题，此时担心的就是市场的某种性质发生了变化而使系统突然失效	股市是个永远变化的地方，没有一种方法可以常胜不败，况且技术分析是一种跟风的操作。投资者唯一能做的就是保持对市场的敬畏，随时检查系统的运行，当多次交易出现不正常的结果，确认股票出现新的特殊变化以后，必须重新建立新的策略

表 9-1 中提到的仅仅是建立系统化的交易方法所面临的技术问题，以及由这些问题造成的心理障碍。而在实际操作中，越贴近股市，受到各种各样的因

素的影响就越多，如市场气氛、市场主力的出入、消息的震荡、行情运行的拉锯。这些因素都可能使一个投资者无法承受心理压力而放弃使用经过研究的系统。因此，如果投资者在操作时能够保持一种若即若离的心态，多关注系统而少关注市场，将有利于心态的稳定。

★股市交易中的投资风险承受能力测试

下面这套投资风险承受能力测试题目，来源于《投资学基础：估值与管理（第3版）》（北京大学出版社）一书，笔者对其进行了丰富和整合，供投资者自测使用。

这套题目根据投资者对风险的认识来测量其投资风险承受能力，并提出投资参考意见。投资者可以进行测试，并且有必要隔一段时间再测一遍，因为随着投资技术和心理承受能力的提高，投资者对风险的理解会相应发生变化。

需要特别说明的是，没有哪个分数段好、哪个分数段不好的问题，这只是对个人的投资风险承受能力的一次评估。

1. 选择最适合你的投资理念。

A. 你的主要目标是得到最高的长期回报，即使你不得不忍受一些非常巨大的短期损失

B. 你希望得到一个很稳定的资产增值，即使这意味着比较低的总回报

C. 你希望在长期回报最大化和波动最小化间进行平衡

2. 你是否有自己的资金管理策略。

A. 你没有资金管理策略

B. 你借鉴了别人的资金管理策略

C. 你有一套自己的资金管理策略

3. 假设你在购买股票或者基金，请分别回答下列每个因素。

A. 资产升值的短期潜力（a. 非常重要；b. 有些重要；c. 不重要）

B. 资产升值的长期潜力（a. 非常重要；b. 有些重要；c. 不重要）

C. 对于股票，这个公司被其他人收购的可能性（a. 非常重要；b. 有些重要；c. 不重要）

D. 过去 6 个月的盈余或亏损情况（a. 非常重要；b. 有些重要；c. 不重要）

E. 过去 5 年的盈余或亏损情况（a. 非常重要；b. 有些重要；c. 不重要）

F. 朋友或者同事的推荐（a. 非常重要；b. 有些重要；c. 不重要）

G. 股价或净值下跌的危险性（a. 非常重要；b. 有些重要；c. 不重要）

H. 分红的可能性（a. 非常重要；b. 有些重要；c. 不重要）

4. 你会把 5 000 元投入下面的项目中吗？请分别回答"是"或者"不是"。

A. 有 70% 的可能性，你的资产翻 1 倍到 10 000 元，而有 30% 的可能性，5 000 元全部亏损：是 / 不是

B. 有 80% 的可能性，你的资产翻 1 倍到 10 000 元，而有 20% 的可能性，5 000 元全部亏损：是 / 不是

C. 有 60% 的可能性，你的资产翻 1 倍到 10 000 元，而有 40% 的可能性，5 000 元全部亏损：是 / 不是

5. 面对主升浪，你的失利大于盈利。

A. 是的

B. 不是

6. 面对主跌浪，你的失利大于盈利。

 A. 是的

 B. 不是

7. 假设你要在下面 2 只基金中做选择，你会选哪只？每只基金都含有 6 只不同种类的股票，表 9-2 显示了每只股票的年收益情况。

表 9-2 股票的年收益情况

基金A		基金B	
股票	收益（%）	股票	收益（%）
A	15	H	7
B	−8	I	6
C	25	J	5
D	12	K	4
E	8	L	6
F	−8	M	2

8. 如果你拿出 10 000 元进行投资，亏了 2 000 元，你会怎么办？

 A. 卖掉

 B. 保留，有 50% 的机会反弹，有 50% 的机会再损失 2 000 元

 C. 不知道

9. 假设你在一只基金上投资了 10 000 元，但 1 个星期内亏了 15%，你不知道是什么原因，大盘也没有跌这么多，此时你会怎么办？

 A. 补仓，降低平均投资成本

 B. 清仓，把所有的基金都卖掉，然后投入一只波动小的基金中

 C. 卖掉一半基金

 D. 等着价格反弹再卖掉

E. 什么都不做（觉得这是正常的）

10. 表 9-3 中显示了两只基金在过去两年中每季度的收益情况，你会选择买哪只？

表 9-3 基金的收益情况

季度	基金 A（%）	基金 B（%）
1	8	4
2	-3	7
3	13	0
4	13	3
5	-12	3
6	24	1
7	-5	3
8	9	5

11. 作为一个投资者，和其他投资者相比，你怎么评估你的投资经验？

A. 非常有经验

B. 比平均水平高

C. 平均水平

D. 比平均水平低

E. 基本没有经验

评分表

1. A（15分），B（0分），C（7分）

2. A（15分），B（10分），C（5分）

3.A题：a（0分），b（1分），c（2分）

　B~E题：a（2分），b（1分），c（0分）

　F~H题：a（0分），b（1分），c（2分）

4.A~C题：是（5分），不是（0分）

5.A（10分），B（5分）

6.A（10分），B（5分）

7.A（10分），B（0分）

8.A（0分），B（0分），C（10分）

9.A（15分），B（0分），C（5分），D（0分），E（10分）

10.A（10分），B（0分）

11.A（20分），B（15分），C（10分），D（5分），E（0分）

评语表

0~20分：请避免风险，建议买货币基金。

21~40分：适合投资低风险债券。

41~60分：适合投资高风险债券。

61~80分：适合投资股票债券混合式基金、大盘股票或者蓝筹股。

81~100分：适合投资股票和股票基金。如果是低分，买大盘价值型股票；如果是高分，买小盘股或者大盘成长股。

100分以上：适合自己去尝试。

第 10 章
交易系统的装备升级

投资股市绝不是为了赚一次钱，而是要持续赚钱。如果想靠一"博"而发财，你大可离开股市，去赌场好了。

——彼得·林奇

投资者并不是只拥有完美的操作策略和技术，以及良好的资金管理能力就可以实施完美的交易。交易赢家认为，在交易市场这样一个"战场"中，不管投资者拥有多么高超的操作技术和资金管理能力，如果不具备能够充分发挥集技术与心理为一体的交易策略，失败则是在所难免的。

请开始升级交易系统，打造一款与交易赢家相似的装备清单。

10.1 研究每只股票的特性

大多数投资者在选择股票的时候，往往都会很用心地观察交易软件上各只股票的数据。但是因为信息量太大，一般来说，投资者对看过的数据印象不会太深，容易错过投资的机会。除非某只股票上涨速度令人惊奇，否则投资者很难注意到。例如，在短时间内仅观察 5 只股票的动态，也很难优中择优。

所以，投资者在选择股票的时候，一定要进行前期准备，如图 10-1 所示。

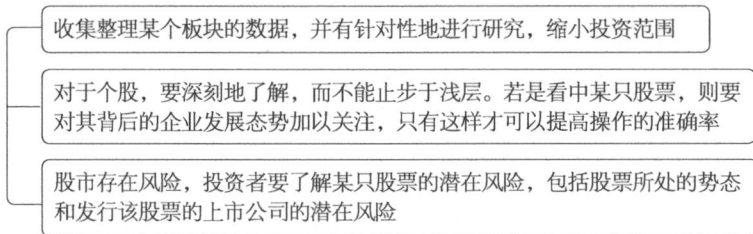

收集整理某个板块的数据，并有针对性地进行研究，缩小投资范围

对于个股，要深刻地了解，而不能止步于浅层。若是看中某只股票，则要对其背后的企业发展态势加以关注，只有这样才可以提高操作的准确率

股市存在风险，投资者要了解某只股票的潜在风险，包括股票所处的势态和发行该股票的上市公司的潜在风险

图 10-1 投资股票的前期准备

只有在做到图 10-1 中的 3 项准备之后，投资者才具备进一步研究某只股票特性的条件，因为每只股票的特性不是在短时间里就可以充分了解的。如果投资者不了解每只股票的特性，就难以找到操作机会，甚至会出现风险；一旦投资者了解了每只股票的特性，就可以抓住机会，获得收益。

有些股票的特性鲜明、反应强烈，要是操作得好，收益来得就快；有些股票的特性相对偏于中性，发展平稳，收益来得比较缓慢。投资者不可盲从，只有了解每只股票的特性，才能更好地操作。

那么，如何研究每只股票的特性呢？每一只股票的走势或者 K 线，都是一个表面现象，其背后是受多人关注和影响的，所以，走势上的表现也能反映出这只股票背后的投资者的心理和行为。

因此，股市中没有任何两只股票的走势图是完全相同的。股市走势图在大多数情况下反映了投资者的心态和意图，是投资者的情绪反应，这种情绪或是真实的，或是虚假的。

研究不同股票的特性，其目的就是透过股票的走势，去发掘其反映出来的内在信息，也就是透过现象看本质。投资者看明白了股票特性，也就了解了股票背后的投资者的性格。

如何研究每只股票的特性？即分析该股票的上市公司的状况，如图 10-2 所示。

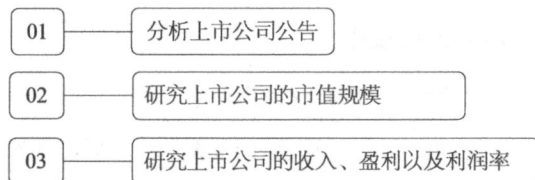

01	分析上市公司公告
02	研究上市公司的市值规模
03	研究上市公司的收入、盈利以及利润率

图 10-2　上市公司分析

1. 分析上市公司公告

上市公司公告是指公司董事会针对公司生产经营、财务状况、经营成果、并购重组等所有对公司股票价格可能产生较大影响的事项所发布的文件。分析公告时必须重点关注图 10-3 中的内容。

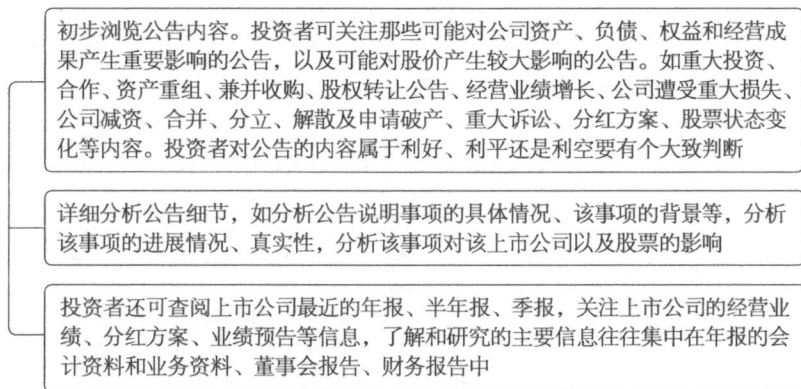

初步浏览公告内容。投资者可关注那些可能对公司资产、负债、权益和经营成果产生重要影响的公告，以及可能对股价产生较大影响的公告。如重大投资、合作、资产重组、兼并收购、股权转让公告、经营业绩增长、公司遭受重大损失、公司减资、合并、分立、解散及申请破产、重大诉讼、分红方案、股票状态变化等内容。投资者对公告的内容属于利好、利平还是利空要有个大致判断

详细分析公告细节，如分析公告说明事项的具体情况、该事项的背景等，分析该事项的进展情况、真实性，分析该事项对该上市公司以及股票的影响

投资者还可查阅上市公司最近的年报、半年报、季报，关注上市公司的经营业绩、分红方案、业绩预告等信息，了解和研究的主要信息往往集中在年报的会计资料和业务资料、董事会报告、财务报告中

图 10-3　分析公告内容

这里解释一下图 10-3 中第 3 点所提到的"会计资料和业务资料、董事会报告、财务报告"。通过上市公司的会计资料和业务资料，投资者可以了解到上市公司报告期内的主营业务收入、净利润、每股净资产、每股经营活动产生的现金流量净额等基本的财务数据和指标；通过董事会报告，投资者可以了解到报告期内公司经营情况、财务状况、分红方案、投资情况、业绩预告等基本信息；通过财务报告，投资者可以了解到审计报告及资产负债表、所有者权益变动表、现金流量表三大会计报表等内容。

抓住了以上 3 个要点，投资者就可对上市公司基本情况有较完整的印象和大致的了解。

2. 研究上市公司的市值规模

研究上市公司的市值规模有助于投资者对上市公司形成一个基本认识。公司市值规模可以反映公司股票的波动性和活跃性、公司的股东范围，以及公司的潜在市值规模。比如，拥有超过千亿市值规模的上市公司在平常状况下的盈利较为稳定，而市值较小的中小企业，盈利和股价则容易出现较大的变化。研究上市公司的市值规模的最终目的就是为投资者的进一步分析获取信息，因为当投资者开始审阅该公司的收入和盈利数据的时候，市值的状况会帮助投资者更熟悉该公司。

3. 研究上市公司的收入、盈利以及利润率

投资者关注上市公司财务数据的时候，可从收入、盈利、利润率这 3 个数据着手，其具体分析方式如图 10-4 所示。

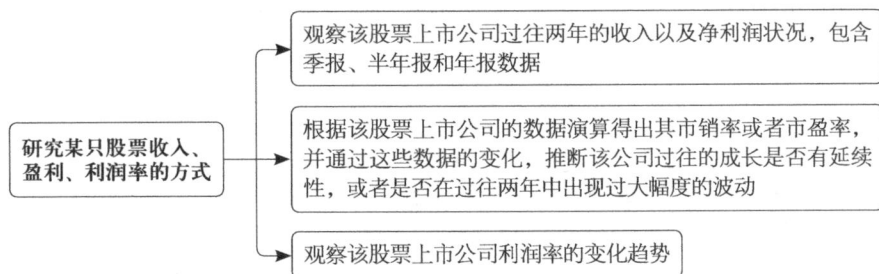

图 10-4　研究收入、盈利、利润率的方式

可以说,从踏进股市的第一天起,投资者就面临着每迈一步就有可能落入陷阱的状况,一次操作失误就有可能被套牢,所以,研究每只股票的特性尤为重要。

10.2 从"选择值"中寻找买卖点

股市中某只股票的买点和卖点有很多,而并不是每一个买点或卖点都是最完美的。但是,股市中的投资者往往会出现这样的问题,就是掌握了多个备选的买点与卖点,但因为心态问题,最终没有抓住任何一个买点与卖点。

很多投资者喜欢预测股市,并且会在进行投资操作时预测接下来的结果,这就分为图 10-5 中的两种情况。

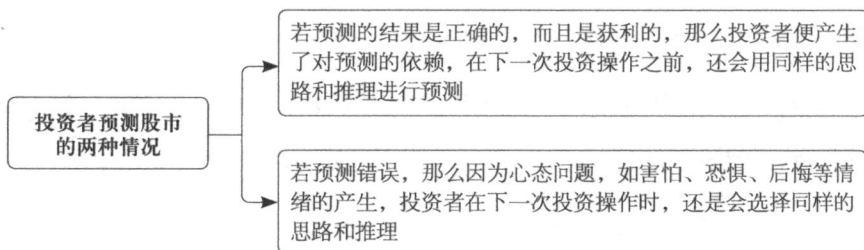

图 10-5 预测股市的两种情况

因此,即使投资者在上一次判断正确,也不代表在下一次也会判断正确,尽管上一次的股市环境、趋势与下一次的大致相同。

投资者在市场"当下"看到的事情,可能会与大脑中存在的某些经验相似,但是绝对不会与大脑中存在的某些经验完全一样。也就是说,投资者的大脑中可能存在很多个"选择值",并且投资者未在选择值中确定一个合适值。当股市趋势与之前某一次的相同时,根据投资者大脑天生的思维方式,投资者会出现与之前某一次一样的犹豫不决的情况,最终使当下的投资操作与之前的操作完全相同，如图 10-6 所示。

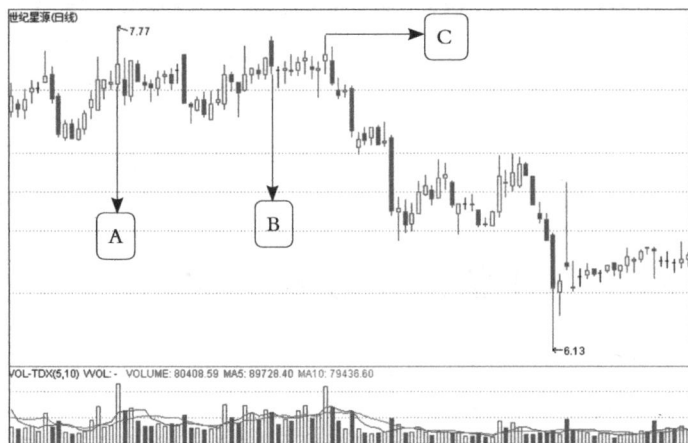

图 10-6　投资者重复之前的交易行为

当股价处于 A 点的时候，投资者将 A 点作为备选卖点，但没有及时卖出。

当股价处于 B 点的时候，又是一个良好的卖点，可投资者依然将 B 点作为备选卖点，因为投资者认为自己可以找到一个比上一个卖点更好的卖点。于是错失了卖出的良机。

当股价处于 C 点的时候，投资者的想法依然是想找到一个比上一个卖点更好的卖点，于是再次错失良机。

直到股市开始下跌，投资者才后悔不已。

然而，投资者经历了上述操作之后，在遇到图 10-7 中的状况时，依然会这样操作。

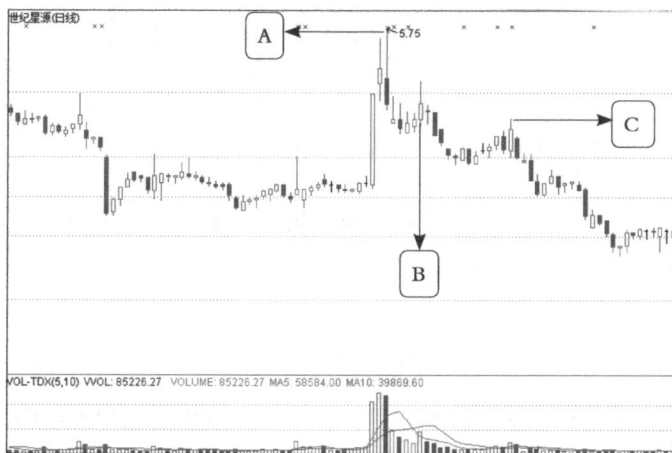

图 10-7　投资者再次重复之前的交易行为

　　当股价处于 A 点的时候，因为害怕风险，投资者依然将 A 点作为备选卖点。当股价处于 B 点的时候，投资者又将 B 点作为备选卖点。当股价处于 C 点的时候，投资者的想法还是"找到一个比上一个卖点更好的卖点"。投资者在备选卖点 A 点、B 点、C 点上犹豫不决，最终导致错失 3 个卖点。

　　面对心态问题，投资者要如何从大量的选择值中寻找合适的买卖点呢？

　　要消除交易中的心态问题，投资者必须降低期望，并且要清除大脑中过往的错误经验。要做到这一点，投资者可以刻意地从市场的角度去思考，因为市场总是以不同的方式传达信息。虽然从整体来看，投资者拥有精湛的投资技术，但是从个体来看，每一个投资者都可能成为影响价格波动的力量，抵消其优势形成的有利结果。

　　综合来说，要解决心态问题以及清除大脑中过往的错误经验，并从大量的选择值中寻找最佳的买卖点，投资者必须知道图 10-8 中的 5 个基础原则。

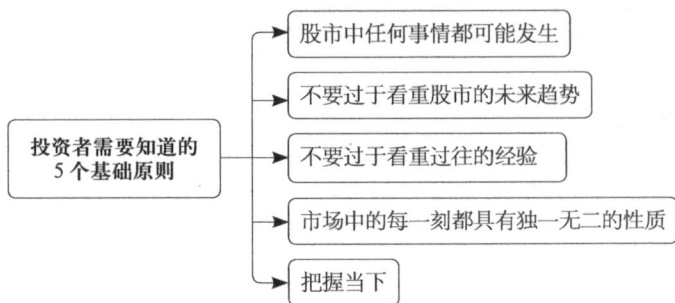

图 10-8　5个基础原则

投资者接受这5个基础原则之后，就不会把市场信息和大脑中的经验混在一起，从而可以有效地降低交易中的情感风险，如图10-9所示。

图 10-9　投资者克服情感风险

当股价处于A点的时候，投资者要意识到股市中任何事情都可能发生，也就是在A点过后，股价有可能继续上涨，也有可能下跌。即使大脑中存有过往的经验，投资者也要结合股市的当下进行判断。因为市场中的每一刻都具有独一无二的性质，所以，克服情感上的风险以及过往的错误经验，在A点时选择卖出是合适的做法。

10.3　第一季度的财报就是一大痛点

财务报表是对公司经营状况的完整体现，会呈现出很多有用的东西。例如年报、季报，它们是一个上市公司的财务数据简介，内容涵盖业务概要、经营情况分析、重要事项、股东变化、公司债务、财务报告等。

下面主要讲解季报。相对于其他季度的财报来说，第一季度的财报似乎最为敏感，因为投资者经常能够从第一季度的财报中获得重大的消息。上市公司也通常会在第一季度的财报上发布一些重要的消息。这些消息的发布会对投资者的心理造成一定的影响，从而导致股价的波动。

从时间上看，第一季度的财报会在 4 月底公布完毕，半年度报告会在 7 月初至 8 月底公布完毕，第三季度财报会在 10 月底公布完毕，年度报告会在次年 1 月中旬至 4 月底公布完毕。

在这里，笔者以上市公司"网易"（股票代码：NTES）2012 年第一季度财报（内容来自网易科技报道）为例进行说明。

网易于 2012 年 5 月 17 日公布了截至 2012 年 3 月 31 日的第一季度未经审计财务业绩。

10.3.1　网易 2012 年第一季度财务数据

1. 总收入

表 10-1 为网易 2012 年第一季度总收入财务业绩以及上一季度和去年同期的相关数据。

表 10-1 网易总收入数据

2012 年第一季度	上一季度和去年同期
在线游戏服务收入为 18 亿元人民币（2.89 亿美元）	上一季度和去年同期分别为 18 亿元人民币和 14 亿元人民币
广告服务收入为 1.43 亿元人民币（2 278 万美元）	上一季度和去年同期分别为 2.78 亿元人民币和 1.27 亿元人民币
邮箱、无线增值服务及其他业务的收入为 3 963 万元人民币（629 万美元）	上一季度和去年同期分别为 3 725 万元人民币和 2 568 万元人民币
总收入 20 亿元人民币（3.18 亿美元）	上一季度和去年同期分别为 21 亿元人民币和 15 亿元人民币

2. 毛利润

表 10-2 为网易 2012 年第一季度的毛利润数据，以及上一季度和去年同期的相关数据。

表 10-2 网易毛利润数据

2012 年第一季度	上一季度和去年同期
13 亿元人民币（2.11 亿美元）	上一季度和去年同期分别为 15 亿元人民币和 9.85 亿元人民币

注：毛利润环比减少的主要原因是广告收入的季节性变化；毛利润同比增长主要是由于公司各款自主研发的游戏收入增长，但部分毛利润又被代理的暴雪娱乐的《魔兽世界》收入下降部分抵消。

3. 毛利（损）率

表 10-3 为网易 2012 年第一季度的毛利（损）率数据以及上一季度和去年同期的相关数据。

表 10-3 网易毛利（损）率数据

2012 年第一季度	上一季度和去年同期
在线游戏的毛利率为 73.0%	上一季度和去年同期分别为 72.6% 和 70.0%
广告服务的毛利率为 19.8%	上一季度和去年同期分别为 54.5% 和 33.4%
邮箱、无线增值服务及其他业务毛损率为 18.0%	上一季度和去年同期分别为 2.2% 和 21.6%

注：毛利率环比降低的主要原因是广告收入减少；广告服务毛利率同比降低的主要原因是人力成本以及内容购买成本的增加。

4. 运营费用

表 10-4 为网易 2012 年第一季度的运营费用数据，以及上一季度和去年同期的相关数据。

表 10-4　网易运营费用数据

2012 年第一季度	上一季度和去年同期
3.56 亿元人民币（5 649 万美元）	上一季度和去年同期分别为 5.29 亿元人民币和 2.92 亿元人民币

注：运营费用环比减少的主要原因是 2012 年第一季度的销售和市场推广活动较少；此外，2011 年第四季度计提了代理暴雪娱乐的《星际争霸 II》的代理费减值准备 5 030 万元人民币；运营费用同比增长的主要原因是人力成本及与产品开发相关的研发成本的增加。

5. 净利润

表 10-5 为网易 2012 年第一季度的净利润数据，以及上一季度和去年同期的相关数据。

表 10-5　网易净利润数据

2012 年第一季度	上一季度和去年同期
净利润 9.42 亿元人民币（1.50 亿美元）	上一季度和去年同期分别为 8.99 亿元人民币和 7.37 亿元人民币
净汇兑收益为 1 760 万元人民币（279 万美元）	上一季度净汇兑损失为 3 639 万元人民币，去年同期净汇兑收益为 2 527 万元人民币
每股（美国存托凭证）净利润为 1.14 美元（基本和摊薄）	上一季度为 1.09 美元（基本和摊薄），去年同期为 0.90 美元（基本）和 0.89 美元（摊薄）

注：净汇兑损益环比和同比变化主要是由于截至 2012 年 3 月 31 日，公司的欧元银行存款余额随欧元兑换人民币的汇率波动。

6. 所得税

表 10-6 为网易 2012 年第一季度的所得税数据，以及上一季度和去年同期相关数据。

表 10-6 网易所得税数据

2012 年第一季度	上一季度和去年同期
所得税费用为 1.63 亿元人民币（2 589 万美元）	上一季度和去年同期分别为 1.23 亿元人民币和 3 721 万元人民币
实际税率为 14.9%	上一季度和去年同期分别为 11.8% 和 4.8%

注：集团下属的主要子公司在 2011 年续获高新技术企业资质，使得 2011～2013 年度仍可享受 15% 的优惠企业所得税税率，税务主管部门将会对此项资质进行年度审核。

实际税率环比增长的主要原因是：某些子公司因拥有软件企业资质而免除企业所得税，免税期于 2011 年到期，其适用税率由 0% 变为 12.5%。实际税率同比增长的主要原因是：2011 年第一季度，某些子公司因获得重点软件企业资质而确认了 4 710 万元人民币的税收优惠。

10.3.2　网易 CEO 丁磊对网易的规划

针对网易 2012 年第一季度的财务数据，网易 CEO 丁磊进行了规划。

1. 游戏领域

丁磊表示："第一季度，我们的在线游戏收入同比增长 31.4%……《梦幻西游 Online》《大话西游 Online II》《大唐无双》等旗舰游戏也在 2012 年第一季度取得了坚实的业绩。我们实施持续改进用户体验的战略在在线游戏领域产生了良好的效果，《倩女幽魂》自 2011 年 9 月全面内测以来，玩家人数实现了迅速增长。

"于第一季度，我们在公测中推出一系列革新内容，受到了玩家一致好评。得益于游戏模式创新，《天下 3》玩家人数在 2012 年第一季度创下历史新高。我们计划于第二季度加入更多的创新内容，开展《天下 3》的公测。

"此外，玩家对于《梦幻西游 Online》和《大话西游 Online II》的资料片，表现出一如既往的期待。我们计划于 2012 年第二季度和第三季度，分别推出《梦幻西游 Online》和《大话西游 Online II》的资料片。我们计划在 2012 年第二季度推出的资料片或者新版本的游戏还包括《大唐无双》《大话西游 3》《战歌》。

"2012 年公司发展的核心主题之一就是自主研发游戏的多样化。2012 年，多款具有创新内容和领先技术的新游戏正在推进。

"第二、三季度，我们计划进行技术测试的游戏有：3D ARPG 游戏、2.5D MMORPG 游戏《武魂》、3D 实时对战 DotA 游戏《英雄三国》和次世代动作 3D MMORPG 游戏《龙剑》。代理游戏方面，我们续签了与暴雪娱乐的合同，继续代理暴雪娱乐的《魔兽世界》。我们期待尽快发布《魔兽世界》第四部资料片《熊猫人之谜》。"

2. 广告领域

丁磊表示："2012 年第一季度在汽车行业、互联网服务和食品饮料领域广告的带领下，我们的广告收入同比增长 13.1%。受季节性因素影响，广告收入环比下降 48.5%，我们预计广告收入将在 2012 年第二季度及下半年回升。

"我们将继续致力于内容创新，博采众议，提升跨移动平台的服务整合。为了充分利用即将到来的 2012 年伦敦奥运会的商机，我们已与内容供应商们通力合作，为门户和移动互联网用户提供更加全面、精准和深度的资讯服务。"

3. 邮箱、无线增值服务领域

丁磊表示："第一季度，我们引入了领先应用和前沿技术，继续优化用户体验和移动接口，使门户网站的访问量稳定增长。我们的微博服务用户数量也与日俱增。2012 年第一季度，微博用户数量达到 1.2 亿，环比增长 24.0%。"

上文概述了网易 2012 年第一季度财报的内容，投资者根据该内容能大致分析出图 10-10 中的 3 点内容。

图 10-10　分析财务数据

所以，一部分投资者会根据财务数据，进行相应的增持或者减持，从而影响该上市公司的股票价格波动。

同时，网易 CEO 丁磊对该公司第二季度的主要发展方向以及 2012 年的核心发展主题做了明确的阐述，这就预示着网易已经规划了 2012 年第一季度以后的发展方向和发展内容。持有该上市公司股票的投资者，结合网易第一季度的财务数据进行分析后，同样会自主地进行增持或者减持（相较于分析其他季度财报来说，此时的增持或减持是最为明显的操作），从而影响该上市公司的股票价格波动。

因此，第一季度的财报是投资者务必关注的核心要点。

10.4　两个核心指标

财报相对来说比较庞杂，非财务专业的投资者读财报比较吃力，而且很难进行深度分析。所以，笔者建议投资者从两个核心指标切入整个财报的研读。

10.4.1　净资产收益率

净资产收益率能帮助投资者更深刻地了解资产负债表。沃伦·巴菲特在写给股东的信中说：考察公司赚钱能力主要应用的财务指标是市净率和净资产收益率。国际上净资产收益率超过 15% 的公司算合格，而超过 18% 的公司才算优秀。

净资产收益率是反映上市公司盈利能力及经营管理水平的核心指标。该指标无论在定期报告还是临时报告中都时常出现，深刻理解其内涵、了解其功用，是投资者提升基本面分析能力的必由之路。

净资产收益率的计算公式：净资产收益率 = 净利润 / 净资产。

在上市公司的资产中，除去负债，其余资产都属于全体股东，这部分资产称为净资产（所有者权益）。净资产就如同做生意的本金。如果有 2 家上市公司，A 公司 1 年赚 1 亿元，B 公司 1 年赚 2 亿元，仅从这个数据，无法判断哪家公司经营得更好。因为我们不知道，A、B 两家公司赚这些钱时用的本金（净资产）是多少。如果 A 公司的净资产是 5 亿元，B 公司的净资产是 20 亿元，则可以肯定地说，A 公司的盈利能力要比 B 公司的盈利能力强很多。因为 A 公司的净资产收益率是 20%，而 B 公司的净资产收益率是 10%。

如果不考虑股价因素，好公司的标准当然是具有一定的盈利能力，而净资产收益率可以告诉投资者，一家上市公司的盈利能力怎么样，经营效率高不高。在所有评价上市公司的常用财务指标中，人们普遍认为净资产收益率是最重要的。

观察净资产收益率，至少要看过去 3 年的指标——年报正文开始部分的"报告期末公司前 3 年主要会计数据和财务指标"表格中有连续 3 年的数据，看起来很方便。如果公司没有经过大的资产重组，则最好看看自其上市以来，每一年的净资产收益率。这么做的主要原因是融资、投资进度等因素也会影响净资产收益率。一两年的净资产收益率有可能无法全面反映上市公司的盈利能力，但连续几年的净资产收益率几乎能完全反映上市公司的盈利能力。

例如，观察一家上市公司连续几年的净资产收益率，会发现一个有意思的现象：刚刚上市的几年中，上市公司都有不错的净资产收益率表现，但之后，这个指标会出现明显下滑。这是因为，随着规模扩大，净资产不断增加，公司必须开拓新的产品、新的市场，并辅之以新的管理模式，以保证净利润与净资产同步增长。这对于公司来说是很大的挑战，它在考验一个领导者对公司行业发展的预测、对新的利润增长点的判断以及他的管理能力。

10.4.2　市盈率

分析完上市公司的财报，就大致了解了一个公司。投资者可以给这个公司估值，估算一下这个公司的股票是否值得买，此时买是买便宜了还是买贵了。

在给上市公司估值时，市盈率作为重要指标往往会被重点考察。市盈率也称"PE""股价收益比率""市价盈利比率"，用股价除以每股收益得出，也可用公司市值除以净利润得出。

市盈率的作用在于简单明了地告诉投资者，在假定公司利润不变的情况下，以交易价格买入，投资该股票靠利润回报需要多少年的时间回本，同时它也代表了市场对股票的悲观或者乐观程度。

一个公司在正常盈利的情况之下，其市盈率的大小将会成为判断估值水平的依据。

（1）市盈率 < 0：即该公司盈利为负（一般显示为"-"）。

（2）市盈率为 0~13：即价值可能被低估。

（3）市盈率为 14~20：即价值为正常水平。

（4）市盈率为 21~28：即价值可能被高估。

（5）市盈率为 28：即股市出现投机性泡沫。

找到严重被低估的公司会给我们带来超额收益。沃伦·巴菲特于 1990 年买入富国银行股票时，其市盈率不到 5 倍，沃伦·巴菲特回忆道："1990 年我们能够大规模买入富国银行股票，得益于当时一片混乱的银行股票市场行情……在投资者纷纷抛售逃离银行股票的风潮中，我们才得以投资 2.9 亿美元买入富国银行 10% 的股份，我们买入的股价低于税后利润的 5 倍，低于税前利润的 3 倍。"

一般情况下，与市盈率相关的因素有以下几种。

市盈率与公司所处行业密切相关。如电子信息行业龙头股的市盈率高达 150 倍，钢铁板块的市盈率常在 10 倍左右。

市盈率受股本大小和股价高低的影响。股本越小的股票越受投资者青睐，其市场定位和市盈率越高。

公司是否具有高成长性对市盈率有重大影响。公司未来前景越好，成长性越高，股价自然就越高，市盈率水平也就越高。

同时，按照经验判断，对于正常盈利的公司，净利润保持不变的话，10 倍左右的市盈率较为合适，因为 10 倍的倒数为 1/10，即 10%，刚好对应一般投资者要求的股权投资回报率或者长期股票的投资报酬率。为什么这里强调的是正常盈利的公司？因为亏损的公司计算出的市盈率是负数，该指标失效；而微利的公司因为其净利润的分母小，计算出来的市盈率指标会非常高，但是公司的实际估值未必真的高。

对于未来几年净利润能够保持在 30% 增长的公司，10 ~ 20 倍市盈率较为合适。30 倍市盈率以上的公司的股票尽量别买。并不是说市盈率高于 30 倍的股票绝对贵了，而是因为仅有少之又少的公司既有超高的盈利能力又有超快的利润增长速度，能够长期维持 30 倍以上的市盈率，买这种股票需要投资者具有非同一般的远见和长期持有的毅力。一般的公司也不可能长期保持超高的利润增长速度，因为受到竞争因素的限制，净资产收益率长期能够超过 30% 的公司凤毛麟角，对应的可持续增长率也不会长期超过 30%。如果投资者的投资组合里都是 30 倍以上市盈率的公司，那还是小心谨慎些好，因为能够称得上伟大的公司真的非常稀少。

60 倍以上的市盈率为"市盈率魔咒"或"死亡市盈率",这时候股票价格的上涨最为迅猛,市场情绪最为乐观,但是很难有公司、板块以及整个市场能够持续保持如此高的估值。例如,2000 年美国的纳斯达克市场,2000 年和 2007 年的中国 A 股市场,1989 年的日本股票市场等,无一能够从"市盈率魔咒"中幸免。

10.5 改变投资习惯

影响投资的最重要的因素是什么?最重要的因素是"习惯"。对于普通投资者而言,每个人因受到知识结构水平、投资经历、心理承受力等各种因素的影响,也免不了有各种不良的习惯。要从旧有的习惯枷锁中解脱出来,改变自己的投资方法,乃至改变命运,这些都是巨大的挑战。要么习惯改变你,要么你改变习惯。

这个过程中,习惯以巨大的力量影响着我们。尽管有时候脑子里很清楚,但投资者在投资时难免会不由自主地沿用多年习惯的方式。长期形成的不良习惯很难被改变。有一些投资者计划做得很好,但一旦进入市场开始交易时就乱套了,无法很好地执行投资计划,他们在不知不觉中还是会沿着原来的习惯进行交易。

正如沃伦·巴菲特所言:"习惯的锁链总是轻得难以察觉,等到察觉时却已重得难以挣断。"实际上,即使是沃伦·巴菲特这样的投资"大师",改掉自己只买"便宜货"的投资习惯,也花了 20 多年时间。

科学表明,人想要养成一个习惯只需要 21 天的时间。但在股市当中,想要真正改正自己的习惯是十分困难的。

首先,认识到原有的不良习惯非常困难。

沃伦·巴菲特曾经在书中"嘲笑"自己花了 20 年才认识到自己的习惯存在缺陷，并且这些缺陷让自己吃了不少教训。沃伦·巴菲特说道："我一直是一个能够快速学习的家伙，只用了 20 年时间，就认识到买入好公司多么重要。在这 20 年间，我到处寻找'便宜货'，很'不走运'的是我确实找到了一些便宜货，然而我却为此付出了惨痛的代价。"

巴菲特坦言，他在过去几十年的投资经历当中，犯下的第一个错误就是买下了一家纺织厂。他曾经说："虽然我很清楚这家公司的纺织业务没有什么发展前景，但是它的股票价格看起来实在太便宜了，让我无法抵挡买入的诱惑。我在早些年间买入这类'便宜货'股票是相当赚钱的，但是到 1965 年我收购伯克希尔时，我逐渐意识到这种投资策略并不是那么理想……以一般的价格买入一家非同一般的好公司，远远胜过用非同一般的好价格买入一家一般的公司。查理·芒格很早就明白了这个道理，而我却是一个迟钝的学生。但是现在我也明白了，我们买入公司或者股票时，我们寻找的是一流的公司，而且公司还要有一流的管理。"

沃伦·巴菲特这种只买便宜股的习惯也给他带来了很大的困扰，使他一度无法尝试新的领域，甚至有所亏损。

其次，改变习惯的过程更是难上加难。

另一位投资"大师"查理·芒格曾这样评价沃伦·巴菲特："巴菲特的投资思维确实有些轻微的阻塞，因为他在导师格雷厄姆的投资模式下做了很多年投资，而且赚了很多钱。想要从这种非常成功的投资模式转换到新的投资模式，实在是非常困难。"

通过这番话也能够看出，习惯其实可以一夜之间彻底改变，但这需要很长一段时间的酝酿。这话听上去有些歧义，但仔细品味，的确也是这么一回事。

沃伦·巴菲特把自己的转变归功于查理·芒格："如同格雷厄姆教导我挑选廉价股，查理·芒格不断告诫我不要只买进'便宜货'，这是他对我最大的影响，让我摆脱了格雷厄姆观点的局限，这就是查理·芒格思想的力量，他拓展了我的视野。"

沃伦·巴菲特表示自己很多看法慢慢地转向了查理·芒格的观点："我不断进化，我以非同寻常的速度'从猩猩进化到人类'。"

最后，成功改变习惯后有时也难免"旧病复发"。

即使沃伦·巴菲特花了 25 年基本改掉了爱买"便宜货"的旧习惯，后来养成了"只买好公司"的新习惯，但是 2012 年 82 岁的沃伦·巴菲特发现自己还是很难完全改掉老习惯，偶尔还是会犯下同样的错误。在 2012 年的一段采访当中，沃伦·巴菲特再次说道："50 多年前，芒格就告诉我，以一个一般的价格买入一家非同一般的公司，远远好过以一个非同一般的价格买入一家一般的公司。尽管他的这个观点背后的逻辑很有说服力，但我有时还会回到寻找'便宜货'的老习惯中。幸运的是，我往往是在收购小企业的时候犯下错误。我们收购大企业的结果往往都还不错，甚至少数几笔大型收购的结果可以说非常不错。"

改变多年的投资习惯非常困难，正是这个改变，让沃伦·巴菲特的投资成就远远超过本杰明·格雷厄姆，也远远超过本杰明·格雷厄姆的其他所有学生。

10.6　交易赢家的装备清单

通过对本书的学习，投资者应该不难发现，交易的成功不仅需要具备技术理论、资金管理能力，更需要具备良好的交易心理。为了让投资者能够清晰地了解交易赢家所拥有的系统，笔者在此列举出交易赢家的装备清单，如图 10-11 所示。

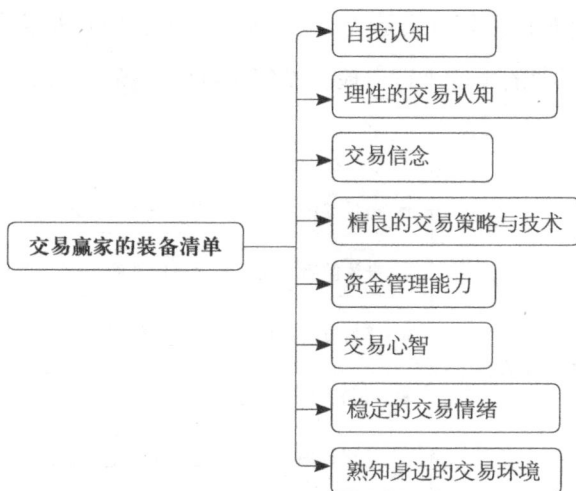

图 10-11 交易赢家的装备清单

对于交易认知、交易信念、资金管理能力、交易心智、交易情绪，笔者在前面进行过讲解，而对于交易策略与技术，则需要投资者单独进行训练，这里，笔者主要分析自我认知与交易环境。

1. 自我认知

在进行投资之前，投资者要明确认识到自己的资金数额、技术水平、心态结构，要清楚地知道自己步入股市的目标与计划。

最重要的自我认知就是投资者在股市中是否有收获。

2. 交易环境

笔者认为交易环境中存在的问题不仅是指日常生活中的压力和身体健康问题，还包括性格、环境、情感、家庭以及人际关系问题。如果上述这些问题处理不得当，投资者的情绪就会变得不稳定，投资者就无法集中精力进行交易，甚至会无视交易规则而盲目进行交易。这样就会让投资者的股票交易水平停滞不前。

投资者若要维持较高的交易水平，经营一个能够让自己保持健康心理状态的环境是必不可少的。

审视交易环境的最好方式是请一个非常了解自己的人来帮助自己检查，或者自己站在第三者的角度进行自检。投资者可以从图10-12中的6个方面来审视自己。

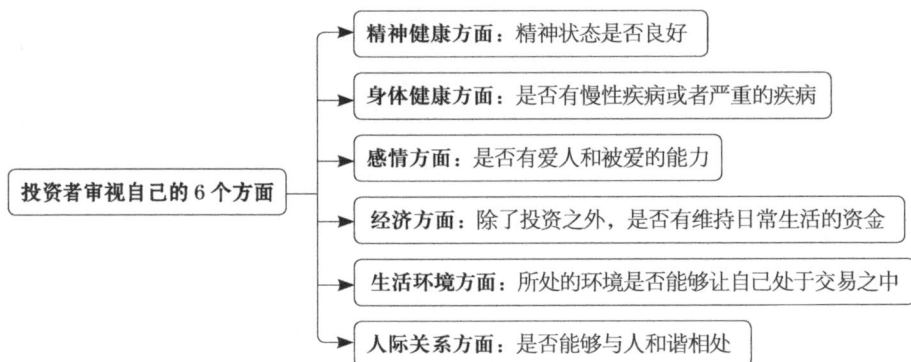

图 10-12　投资者审视自己的 6 个方面

投资者通过这6个方面来审视自己所处的环境，就能够清楚地认识到自己的现状，从而快速地投入交易。

★股市交易中的心理测试

在进行了学习之后，请投资者再次进行测试，将测试结果与第4章的测试结果进行比较，看看两次测试是否产生了不一样的答案。

（1）你是一名交易失利者。

　　□同意　□不同意

（2）你有时就是忍不住觉得自己受到了市场伤害。

　　□同意　□不同意

（3）你认为投资者越了解市场和市场行为，交易起来越轻松。

　　□同意　□不同意

（4）你拥有的这套交易方法，会告诉你在什么市场状况下，应该进行交易或结束交易。

☐同意 ☐不同意

（5）即使你看到了应该反向操作的明确信号，实际做起来还是极为困难。

☐同意 ☐不同意

（6）无论是买入还是卖出，你都设置了自己的"期望值"。

☐同意 ☐不同意

（7）你设置了自己的止损点。

☐同意 ☐不同意

（8）你非常在意自己的资金曲线是否在一段时间内持续上涨。

☐同意 ☐不同意

（9）交易失利后，你的后悔情绪和痛苦情绪占据主导地位。

☐同意 ☐不同意

（10）虽然你能够明确感觉到市场的异常状况(如某上市公司退市)，但是这种异常的状况还是会影响你。

☐同意 ☐不同意

（11）你经常认为市场在和自己作对。

☐同意 ☐不同意

（12）你虽然努力忘记过去的失败，却发现自己很难忘掉因过去的失败而带来的情感伤口。

☐同意 ☐不同意

（13）你曾经处于心理"顺境"当中。

☐同意 ☐不同意

（14）你很在意自己的投资交易的结果。

□同意 □不同意

（15）在一个亏损的交易完成之后，你的想法是立即再选一只股票挽回损失。

□同意 □不同意

（16）你认为交易要成功，所需要的心理弹性远超过大部分人的能力范围。

□同意 □不同意

（17）你想要改变你的交易心态。

□同意 □不同意

附录
股市交易实用手账

观察并记录交易心理与情绪

观察并记录自己在交易过程中的非理性心理和情绪变化过程，随时调整自己的非理性心理与情绪。以 5 次交易为 1 个周期，每个周期进行评估、总结及调整。

交易次数	买入时的心理与情绪	卖出时的心理与情绪
第一次交易		
第二次交易		
第三次交易		
第四次交易		
第五次交易		

全年投资心理变化手账

通过阅读本书，投资者的心态或许已经发生了变化。这里，请投资者从下一次投资操作开始，记录每一次交易的心理过程。投资者可以根据自己的习惯或者喜好，按照月份或是交易次数进行记录，并按照季度进行总结。记录期限为 6 个月或者 12 个月。

月份	买入时的心态	卖出时的心态
1 月		
2 月		
3 月		
4 月		
5 月		
6 月		
7 月		
8 月		
9 月		
10 月		
11 月		
12 月		

结语
不要忽略个人心理素质

在这里笔者想谈一下技术分析、基本面分析与个人心理素质的关系。我们知道很多投资者在操作时，都会用到技术分析与基本面分析。

很多时候，投资者能精确地计算出行情趋势所能达到的点，如运用移动平均线、趋势线、KD 线等技术分析方法。这些技术分析方法往往也会在实践中给投资者以指引。在股票市场中，有的投资者似乎很崇拜技术分析与基本面分析，但笔者却认为这时投资者忽略了一个很重要的因素——个人心理素质。

如果投资者的投资技术练得很精纯，却还不能赚到大钱，则问题就不是出在操作上了，而是投资者的内心还是很浮躁，不够沉稳、专注、耐心。这时候投资者应该定下心来审视自己：是否经常出手、是否戒贪短利、是否慌张收手。若能改进这 3 点则可获利。

开始投资时内心要舒缓，要做到不贪不急，耐心宽心。

投资过程中就要考验技术了。一个有经验的投资者应该要：博观约取，广博而精练地阅览众多书籍，取其精要；厚积薄发，蓄积深厚的学识和涵养，谨言慎行。

投资者要练就好的投资技术必须懂得"功夫要自己练，经验要自己积，智慧要自己悟"。若技术很好，心性未好，是没有用的；而心性很好，技术未好，也是无用的。

投资者不仅要提高技术，在心性上还应做到：外离相为禅，内不乱为定。"定"表现为：千纷百扰中，其心不乱；千扰百逆中，其气不动。

投资者要知道：要有技术，同时也要提高心性；要有智慧，同时也要提高情绪管理能力。

在操作快要结束时，投资者心中应该对观局的深度、布局的宽度、推局的深远度、解盘的细察度、策略的灵活度了如指掌，如此才能完美收盘。